中原地产红皮书2010 广州卷

中原集团研究中心 著

广州中原研究一部 广州中原研究二部

广州中原工商铺市场及研究部

中国建筑工业出版社

本书以第一手的数据资料及调研资料，全面而系统地介绍了2009年全年和2010年1月~8月广州房地产市场的整体概况，以及政策环境、行业格局、土地市场、住宅市场、写字楼市场、商铺市场等各个细分市场的发展与变化。此外，本书对广州房地产市场在此期间的几个热点专题进行了着重分析，包括保障性住房的建设情况、广州亚运城的规划发展情况、广州土地出让方式的创新、“三旧”改造为楼市带来的新机会以及新兴商圈对城市商业格局的影响。本书可对房地产专业人员分析研究市场环境、洞悉市场热点起到借鉴作用，对普通大众的投资置业行为也具有较强的指导意义。

编委会

序

广州楼市进入了万元时代

每年为《中原地产红皮书》作序言，都是在当年接近第四季度的时候。《中原地产红皮书》记载了中国楼市5年的发展，在这值得铭记的时刻，广州的楼市也悄然见证了它蜕变——广州楼市均价步入了万元时代！“万元”是从2009年第四季度的10月份开始，往后一直支撑没有掉下来，这与之前几次触“万”后回调的情况截然不同，意义深远。

进入了“万元时代”，直接反映了广州市民的购买力已经从“8”字头提升到万元价位。在2007年末几个月，广州的楼价均超过了10000元，各大媒体相互报道广州的楼市进入了万元时代，殊不知这几个月的成交是因为结构性的原因导致了整体的价格飙升。往后持续低迷的成交量逐渐将万元的价格曲线拉回在8000~8500元/m^2这一区间徘徊，到2009年上半年，均价是8543元/m^2，而且成交量恢复到了每月60万m^2的成交支撑。当市场普遍认为“8”字头的楼价是广州普罗大众可以接受、过万就封顶的时候，2009年下半年开始的楼市反弹完全超出了所有人的预料，成交量节节攀高的同时，楼价也匍匐爬上了万元高位，这一态势一直延续到了2010年的上半年。至此，广州的购房者接受了这样的一个事实：要想楼价恢复到“8”字头已经是几乎不可能的事了，万元时代真正降临！

进入了“万元时代”，除了说明广州购房者“财不露眼”的务实特性外，还慢慢绽放了广州城市那稻草掩盖下的珍珠光芒，城市价值的提升得到强力的保证。2009年初，国务院将广州列为五大“国家中心城市”之一，从国家战略层面奠定了其以后的发展定位；配合亚运举行而进行的各项市政工程随着举办日期的逼近也慢慢显出了雏形：“三旧”改造为广州发展成为“国际大都市”腾挪了发展空间，猎德、林和和杨箕三个闹市中的“城中村”已经拆迁完毕；贯穿南北两个重要交通枢纽，即白云机场和火车站南站、联系东西“广佛经济圈”等的铁轨路网基本可以开通运行；“穿衣戴帽”工程也拆除了外围绿色的棚架，这一切，都令广州的市容市貌焕然一新，大大改善了以往到处“脏、乱、差”的现象。在此情况下，万元楼价令人觉得相得益彰，物有所值。

进入了“万元时代”，也带动了二手市场和商业市场的发展。一直以来，广州的一手成交和二手成交都基本维持在“六四”的比例，但从2009年下半年开始，这一趋势逐渐靠近“五五”的比例，表明二手市场的发展越来越成熟。商业市场在广州的发展与住宅市场倒挂这一现象也逐渐得到改善，天河路、北京路等传统商圈的繁荣发展与白云新城、南站新城等新兴商圈迅速崛起，使得广州商业市场比较单一、缺乏档次这一评价也将被改写。

以上重要事件都收录在这本《中原地产红皮书》当中，适逢《中原地产红皮书》五周年庆，别具意义。广州中原也在这“万元时代”的背景下，吹响了快速扩张的号角，为市民的安居置业提供更广泛、专业的服务！

黄轩明

广州中原地产代理有限公司董事总经理

2010年9月

目 录

城 市

楼 事

第10章 2010年 广州土地出让有新意

第11章 新兴商圈对广州南北商业格局的冲击

数 据

第12章 地产数据

公 司

广东中原地产代理有限公司

插图目录

表格目录

Photo by: Hu wenkit 胡文杰 (www.pdoing.com)

Market
城市

广 州 | GUANGZHOU

2010年广州楼市　调控中突围前行

标杆房企扩张步伐加快

土地供应放量　市场再度升温

住宅市场价量齐创新高

高端写字楼供求两旺　租金水平稳步回升

商铺市场供求两旺　成交均价历史新高

第1章 2010年广州楼市 调控中突围前行

2009年，中央政府出于扩大内需拉动经济的需要，鼓励和支持住房消费，使得房屋交易量价在2008年低谷的基础上大幅反弹，价格甚至“报复式”大涨。2010年初，在舆论以及百姓呼声的压力下，政府姿态开始转向，逐步出台调控措施遏制楼价上涨。2010年的楼市，最热门的两个关键词是“政策”和“降价”，政策是调控楼市的手段，降价是许多人对调控效果的期望。2010年的楼市是热闹的一年，各路学者、行业人士、民间意见领袖都纷纷登场，踊跃地揭露政策内幕、预测楼价走势，但逻辑严谨者不多，预测准确者甚少。广州中原，也时刻在关注和思考“政策”和“降价”的动态，虽然我们公开的言论并不多，但我们基本准确地为公司决策和商业客户提供了专业的建议和服务。

2010年已经接近了尾声，回首全年，我们有许多成就，也有少许偏差。当物业税甚嚣尘上时，我们判断2010年内难以出台，我们对了；当“4.15”将市场拉入历史低谷时，我们预测随后成交量会逐渐回升，最迟在8月份，我们又对了，但没有预料到回升的幅度会如此之大；当众口预测“拐点”将到，楼价要降20%、30%，甚至50%时，我们预测广州楼价会暂时小幅下调但不是“拐点”，我们也对了。当然，现在再去梳理一遍2010年，依然会有一些新的思考和成果，期望通过2010版《中原红皮书》这个平台，提供给大家参考。

调控政策贯穿了整个2010年，从年初的“国十一条”到下半年的“第三套房政策”，其中“4.15”新政，达到调控高潮，广州市也多次出台措施配合中央政策的落实。开发商、小业主、购房者都在调控中观望，在观望中博弈，在博弈中突围，开发商终于在低迷中找到了激发需求的价格临界点、小业主终于在小幅让步中找到了反价的机会、购房者终于在等待后的失望中找到了出手的理由。广州的土地市场、住宅市场、商用物业市场在经历了短暂的波折之后，突围继续前行。

土地市场：2009年全年，广州市合计供应商品住宅用地44幅，总占地面积约3.9万km^2，总建筑面积约774万m^2，超额完成2.5km^2的年度供应计划。2010年年初，广州土地供应一度出现真空期，下半年起，受年度土地供应计划落实的压力，广州土地供应节奏及供应量恢复正常，土地市场也受住宅市场成交回暖的影响而重新升温。

一手住宅市场：广州楼市自2009年一季度末重新开始步入上升复苏阶段。2009年成交量创下近10年来的峰值；楼价也持续上涨，全市成交均价屡次刷新历史最高纪录。2010年4月中旬起，新一轮调控使广州楼市再次进入调整阶段。8月份以后，在对政策的预期转变及供应量加大的情况下，广州住宅市场成交回暖。

二手住宅市场：2009年，广州二手住宅成交面积大幅增长了一倍以上，其中2009年5月，创单月历史新高，2009年7月突破百万m^2大关，2009年12月更是达到121.42万m^2；与此同时，二手住宅价格更是“报复式”大涨，尤以2009年下半年为甚。2010年“4.15新政”的出台，使市场交易量骤然下降，但观望随时间而稀释，8月份市场正式回暖，成交大幅回升，达到2010年月度最高水平。

商用物业市场：2010年新建商铺市场供求两旺。在投资者的热切追捧下，新兴商圈不断涌现，市场经营模式推陈出新，社区商铺成为市场供应及成交的主力。新建写字楼供应量经历了2010年春节的低位后自3月起反弹，总体供应量同比大增；成交量方面，第三季度成交量持续飙升，8月份成交面积更是达到了两年以来的最高点，2010年总成交量却比去年同期激增超过六成。

楼市调控已经进行了几轮，但效果并不显著。越放任房地产业继续过热开发和价格上涨，形成的楼市泡沫的危险也越大，所以预计2011年政府对楼市的调控姿态将继续，2011年广州的房地产市场将继续在调控中起伏，在起伏中前行！

第2章　标杆房企[1]扩张步伐加快

2.1 土地市场明显分化

2.1.1 标杆房企加速圈地

在经历了2008年广州土地市场的沉寂后，2009年标杆房企卷土重来，在广州土地市场上再度加速扩张。中原监测数据显示，按可建建筑面积计，2009年11大标杆房企在广州招拍挂市场上共新增土地储备约633万m^2，约占广州全年成交土地总量的56%，购地款合计近390亿；其中商品住宅用地建筑面积约577万m^2，约占全市总成交量的75%，标杆房企在广州商品住宅用地市场上再现强势。2010年1月至8月期间，广州全市成功出让的商品住宅用地的总建筑面积76万m^2，其中约47万m^2被标杆房企所竞得，约占全市的61%。

图2-1　广州市标杆房企拿地情况（2009年1月～2010年8月）

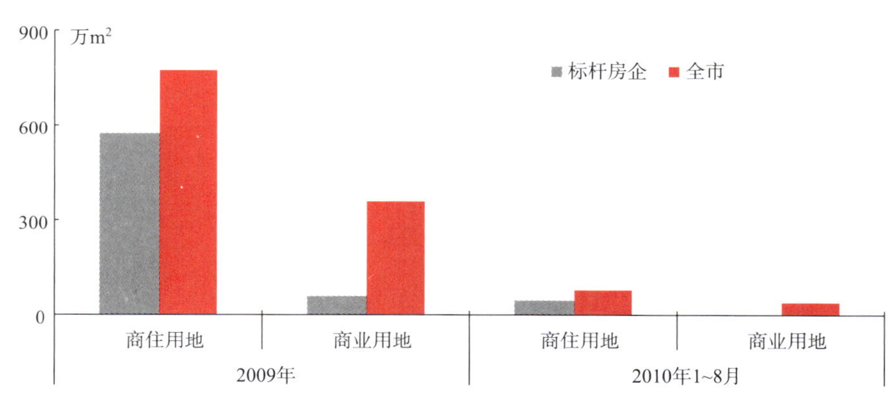

数据来源：广州中原研究部。

从招拍挂市场上的表现来看，合生系（含合生、新南方、珠光）、新世界、中海、恒大四家房企自2009年以来均未有新增土地储备，另外7家房企中除合景泰富外的新增土地均以商品住宅用地为主。雅居乐新增土地储备的规模最大，新购的几幅商品住宅用地的总建筑面积约175万m^2，约占11家标杆房企在广州市新增储备商品住宅用地总量的28%；其次是保利，2009年至2010年8月期间在广州全市共新购入总建筑面积约162万m^2的商品住宅用地。除招拍挂外，近期各标杆房企还频频通过协议转让或收购等方式大量增加商品住宅用地储备。

从近几年各房企新增土地储备的分布情况看，部分标杆房企已在一些区域形成垄断性局面。如富力强势主导珠江新城商办项目，保利重点布局琶洲、金沙洲板块，雅居乐垄断花都107国道沿线地块，越秀、城建则一气购下多幅大学城地块。

① 本文中的标杆房企包括：万科、富力、保利、合生、雅居乐、碧桂园、中海、城建、合景泰富、新世界及恒大等11家上市房企。

图2-2　广州市标杆房企新增土地储备情况（2009年1月～2010年8月）

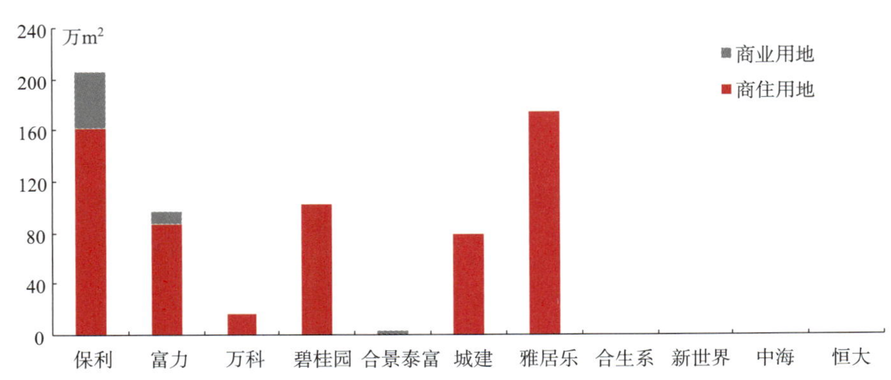

数据来源：广州中原研究部。

广州市标杆房企购地情况（2009～2010年上半年）　　表2-1

获取时间	标杆房企	地块区域	建筑面积（万m^2）	获取途径
2009年	富　力	从化市温泉镇	47.68	收购
	万　科	荔湾区大坦沙	13.57	转让
	富　力	从化温泉村	52.00	转让
	万　科	原圣普拉多项目	12.00	收购
	富　力	荔湾区西湾路	9.34	转让
	合生创展	南沙物业	10.00	收购
	新 世 界	荔湾逸彩庭园	79.20	收购
	恒　大	珠江新城佳兆业广场	11.00	收购
2010年上半年	万　科	白云区天河御品项目	11.80	收购
	中　海	原光大花园项目	—	收购

数据来源：广州中原研究部。

2.1.2 外来企业储备较少

根据中原地产统计，截至2010年6月底，标杆房企在广州地区（含增城、从化及金沙洲佛山部分）所储备的待开发商品住宅用地的总建筑面积超过2760万m^2，较2009年同期增长约26%；其中位于广州中心六区的约752万m^2，仅占总量的27%。

从各房企土地储备情况看，合生系目前在广州地区的商品住宅用地储备量最大，待开发土地的总建筑面积超过560万m^2，约占标杆房企商品住宅用地储备总量的20%。其次是雅居乐，其在广州地区待开发商品住宅用地的总建筑面积超过412万m^2。保利、合景泰富两房企土地储备量较2009年年中有明显回升。万科近期虽有参与广州土地拍卖，但屡屡空手而归，截至2010年6月底，其在广州地区的待开发商品住宅用地的总建筑面积仅55万余平方米，储备量比上年同期明显下降。

图2-3 广州市标杆房企商品住宅用地储备情况（截至2010年6月）

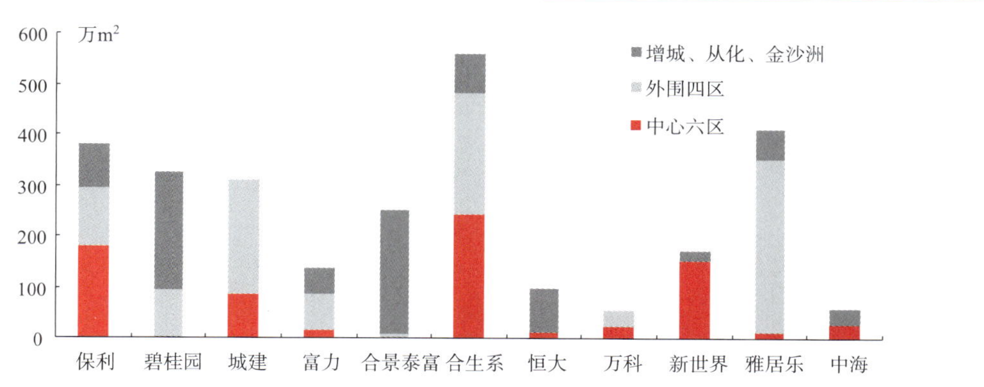

注：土地储备情况按建筑面积计算。
数据来源：广州中原研究部。

2.2 新增供应份额下降

2.2.1 新增供应量大幅下降

2009年，标杆房企在广州全市合计新增住宅供应约2.1万套，约占全市供应总量的43%。2010年，受亚运会停工以及宏调政策影响，广州市多个项目调整了工期及销售时间，致使2010年1月至8月期间，广州全市新增供应的商品住宅规模大幅下降，其中标杆房企新增商品住宅合计不足1万套，较2009年同期减少23%，其占全市的比重也下降至40%。

广州市标杆房企新增供应套数（2009年1月～2010年8月） 表2-2

区　域	2009年		2010年1～8月	
	套数	份额	套数	份额
全市十区	20797	42.70%	9699	40.40%
#中心六区	15245	49.42%	6427	52.60%
#外围四区	5552	31.10%	3272	27.75%

数据来源：广州中原研究部。

2.2.2 外围城区扩张加速

从发展重心来看，2009年标杆房企新增供应的商品住宅中有约73%位于中心六区；2010年1月～8月期间，该份额下降至66%，外围四区的比重在加大。而随着“番禺亚运城”项目首期约8000套新货，以及各标杆房企在花都、南沙等地的多个大盘均有大量的新货，集中在2010年四季度左右推售，标杆房企越来越看重外围市场的发展空间，其在外围市场上的影响力也越来越大。

从全市的份额看，2009年标杆房企在中心六区一手住宅的供应套数约占中心六区总供应套数的49%；2010年1月～8月期间，该份额上升至53%，反映出品牌发展商对中心六区的供应结构仍有较明显的影响力。

从新增供应分布情况看，富力、万科、城建、合生创展、新世界等几家在近期的新增供应多集中在中心六区，碧桂园、雅居乐则延续其一贯的发展策略，重点发展外围四区的市场，保利、合景泰富在广州中心城区及外围的市场发展情况则相对较均衡。另外，恒大、中海两家目前在广州市内的在售项目较少，且全部分布在中心城区，其在广州周边的金沙洲（佛山部分）及增城等尚有多个在售项目。

图2-4 广州市标杆房企一手住宅新增供应分布（2009年1月～2010年8月）

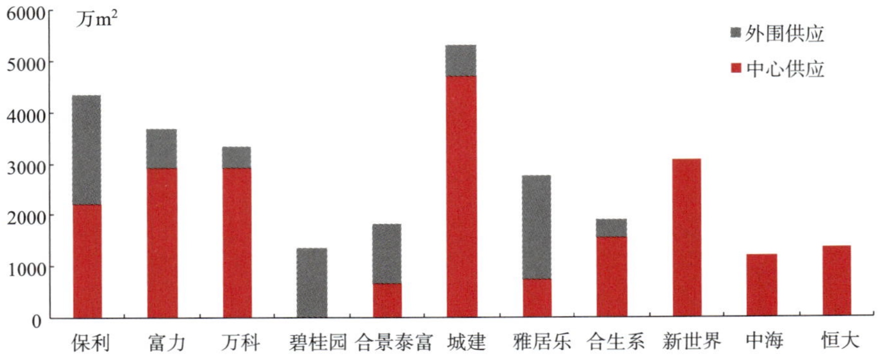

数据来源：广州中原研究部。

2.3 成交份额略有回升

2.3.1 成交量同比下降　份额上升

2009年，标杆房企一手住宅合计签约2.9万套，约占广州全市的37%，市场集中度较2008年相比有所下降。2010年1至8月期间，标杆房企一手住宅合计签约1万套，份额由2009年同期的36%上升至39%，显示出在市场调整阶段，标杆房企的品牌优势明显。

广州市标杆房企市场份额变化情况（2009年1月～2010年8月）　表2-3

	2009年	2010年1月~8月
全市签约（套）	78046	27056
标杆房企（套）	29002	10529
标杆房企市场份额	37.16%	38.92%

数据来源：广州中原研究部。

2.3.2 保利城建名列前茅

签约面积方面，2009年以来（截至2010年8月底）各标杆房企在广州全市签约面积最多的是保利，其合计签约71万余m²，约占标杆房企签约总量的16%；其次是城建地产和富力，分别签约65万m²、55万m²，分占标杆房企签约总量的15%、13%。

销售额方面，城建地产因其产品多分布在中心城区尤其是天河、海珠等中心城区而占优，2009年1月至2010年8月期间，其销售额高达98亿元，约占标杆房企总销售额的19.5%，居各标杆房企之首；其次分别是保利和万科，销售额分别为83亿元、65亿元。

图2-5 广州市标杆房企销售面积（2009年1月～2010年8月）

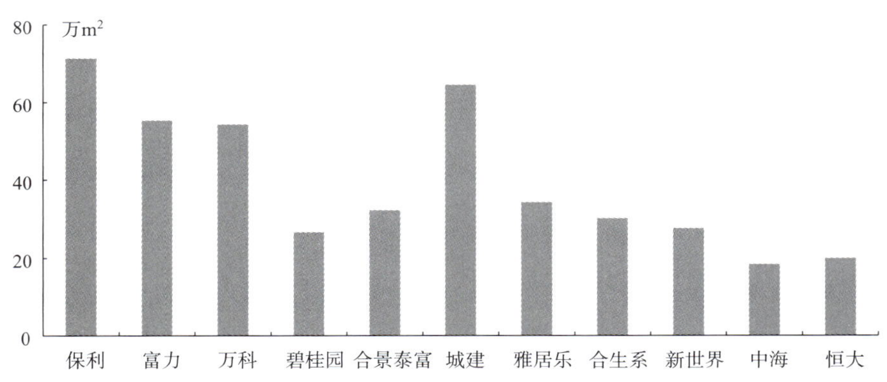

数据来源：广州中原研究部。

2.4 签约均价大幅上涨

中原地产监测数据显示，大部分标杆房企2010年签约均价较2009年有明显上涨，涨幅多在25%以上。其中，雅居乐旗下各项目在2010年1至8月期间的签约均价较2009年水平上涨近六成——主要是受位于番禺的“雅居乐·剑桥郡”和“鸿禧华庭”两项目的新一批高价位产品大量成交的拉动；其次是中海及万科，签约均价的涨幅均在50%以上。

保利及合景泰富两家旗下项目签约均价分别下降34%、22%，均是受成交产品结构性变化影响——两房企2009年成交产品主要集中在天河、越秀等中心城区，价位较高；而2010年的成交产品则多集中在番禺、花都等地的中低价位项目中。

广州市标杆房企销售均价变化情况（2009年1月～2010年8月） **表2-4**

标杆房企	销售均价（元/m²）		增幅（%）
	2009年	2010年1-8月	
保　　利	12536	8266	-34
富　　力	9471	9501	0
万　　科	10109	15234	51
碧 桂 园	5795	7431	28
合景泰富	9446	7379	-22
城　　建	13802	17771	29
雅 居 乐	8612	13793	60
合 生 系	14115	16553	17
新 世 界	11862	15005	26
中　　海	8734	13332	53
恒　　大	11885	12828	8
全　　市	9346	11877	27

数据来源：广州中原研究部。

2.5 积极参与城中村改造

随着中心城区土地供应量的逐渐减少，增加中心城区土地储备对各房企而言显得尤为重要。近期广州快速推进的城中村改造则为标杆房企提供了上佳的发展契机。房企与政府合作参与城中村改造项目，不仅可以增加其在中心城区的土地储备，亦有助于促进其与政府间的积极关系，有益于其经营运作，同时也有利于其塑造良好的社会形象，提升企业品牌价值。考虑到城中村改造项目的费用及社会影响，广州政府更乐于具有较强实力的标杆房企来参与。从近期广州多个城中村改造项目的进展来看，富力、保利等在本地已经营运作多年的房企表现得更为积极。

广州市标杆房企城中村改造项目情况　　**表2–5**

区　域	城中村	用地面积（万m^2）	总建筑面积（万m^2）	投资额（亿元）	开发模式	动工时间	开发商
天河	猎德村	14.00	87.79	100.00	土地产权置换开发商物业	2007年	富力、新鸿基、合景泰富
天河	冼　村	18.49	—	41.00	土地产权置换开发商物业	2010年9月	保利
白云	同和村	—	—	—	土地产权置换开发商物业	2009年6月	富力
海珠	琶洲村	75.76	185.00	100.00	纯市场运作模式	2010年9月底	保利
越秀	杨箕村	35.00	64.80	20.00	村集体直接与房企联系合作	2010年7月	富力

数据来源：广州中原研究部。

第3章　土地供应放量　市场再度升温

2009年，广州土地市场一改2008年的颓势，全年出让的商品住宅用地、商办用地均未现流拍，大部分地块高溢价成交，多项地王纪录被刷新。2010年初，在中央新“国十条”及其他相关调控措施的影响下，广州土地供应一度出现真空期。下半年起，受年度供地计划落实的压力，广州土地供应节奏恢复正常，并受到住宅市场成交回暖的影响而重新升温。

3.1 年度供应计划增大

3.1.1 宅地供应量创新高　下半年集中供应

2009年全年，广州市合计供应商品住宅用地44幅，总占地面积约3.9万km^2，总建筑面积约774万m^2，超额完成2.5km^2的年度供应计划。值得一提的是亚运城项目，占地面积2km^2、总建筑面积约430万m^2。

2010年，广州市拟出让商品住宅用地约5km^2（不含保障性住房），较2009年的供应量大幅增加，供应量创下近年来的新高。此外，广州还首度公布了全年拟出让地块的明细单，并首次实行了用地预申请制度，以助土地市场稳定。

受到年初政策调控的影响，2010年1至8月期间，广州全市仅供应商品住宅用地18幅，总占地面积约108万m^2，仅完成了年度供应计划的21%。从近期市国土部门的动作来看，余下的约4km^2的商品住宅用地将会在第四季度集中供应。

图3-1　广州市商品住宅用地供应情况（2006～2010年1～8月）

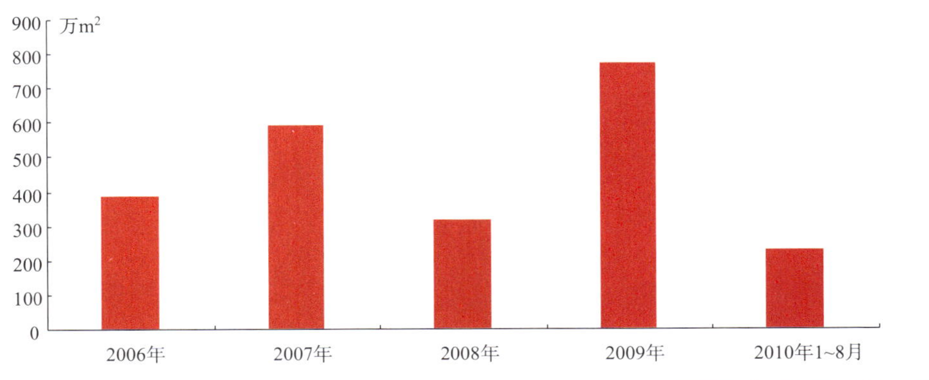

注：供应面积按建筑面积计算。
数据来源：广州中原研究部。

3.1.2 中心区比例加大　超大体量地块增多

从2009年广州商品住宅用地的供应情况来看，外围四区的供应占绝对主力，共出让35幅商品住宅用地，总建筑面积约644万m^2，占全市的83%；其中番禺区居十区之首。即便除去亚运城项目用地，外围四区出让的商品住宅用地的总建筑面积也达259万m^2，占全市总供应量的67%。另外，花都区2009年共出让商品住宅用地8幅，总建筑面积约108万m^2。2010年，随着旧城改造进程的加快，广州政府也增加了中心城区的宅地供应量。根据供应计划，2010年广州中心六区商品住宅用地供应面积将超过2km^2，与2009年相比大幅增加。

从地块规模看，2009年广州十区供应的44幅商品住宅用地中，占地面积在10万m^2，以上有6幅，面积占总供应量的64%。而根据2010年的供应计划，占地面积在10万m^2以上的地块约有11幅，较上年明显增加。其中位于番禺、萝岗的4幅大宗地块在8月份之前已经推出，而位于白云湖周边、奥体中心周边等地的其余大宗地块将会在第四季度出让。

3.1.3 限价房用地再现

在2010年的商品住宅用地供应计划中，近两年在广州土地市场上销声匿迹的限价房用地重新出现，其中天河区广深铁路棠东项目、番禺区南村镇地段华南新城项目将于2010年推出，两项目的用地面积均超过40万m^2，建成后约可提供约一万套限价房。限价房用地的再次供应对分流市场购买需求、稳定住房价格将起到积极作用。

3.2 本地霸主强势依旧　外地房企伺机入穗

3.2.1 品牌房企几近垄断优质地块

从近几年广州土地市场的成交情况看，大型上市房企凭借雄厚资金实力鲸吞成片土地，其中不乏优质地块，富力、保利、城建等大型房企已在一个或多个板块形成了垄断性优势，多点割据态势几已成型。

城建在2009年至2010年8月间，陆续竞得广州番禺区的大学城板块9幅用地，总建筑面积超过35万m^2；番禺沙湾2幅总建筑面积42万m^2的商品住宅用地，在上述两个片区形成垄断性布局。

雅居乐在2009年取得了番禺沙湾4-3地块和花都107国道D地块后，其在番禺沙湾和花都107国道沿线所储备的商品住宅用地的建筑面积分别达到29万m^2、65万m^2，在区域布局中占据明显优势。

保利地产已在琶洲拥有多项大型商用物业，在近期新获取的琶洲村的改造项目的建筑面积超过100万m^2，在琶洲会展中心板块占据绝对垄断性地位。

图3-2　广州市部分品牌房企板块布局情况

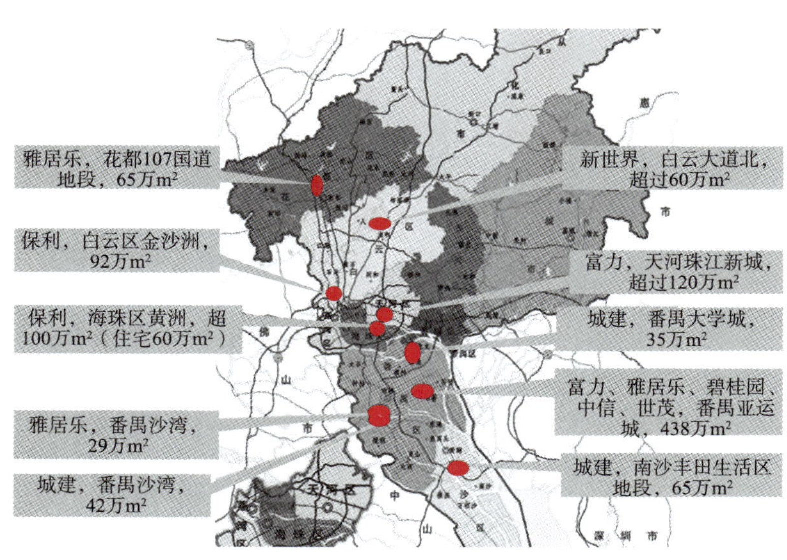

注：供应面积按建筑面积计算。
数据来源：广州中原研究部。

3.2.2 外地房企伺机入穗

2009年，广州住宅成交量的飙升，众多房企资金充裕，购地竞争激烈。广州全年所出让的33幅商品住宅用地平均溢价率达44%，其中天河区珠江新城D8-C3地块、番禺区大学城几幅地块、萝岗区科学城KXC-F8-1-1地块皆创下了所在区域商品住宅用地楼面地价的新高。

2010年下半年，随着住宅市场成交量回升，广州商品住宅用地拍卖会上也多次出现激烈竞争的场面。以荔湾区原高尔夫球场A、B地块和番禺沙湾4-2地块为例，吸引了万科、城建等多家大品牌房企竞买，几幅地块均以80%以上的溢价率成交。

在2010年广州的土地拍卖会上，外地房企身影屡现。佛山创鸿集团、北京远洋置业、南京朗诗集团等多家在当地影响力较大的房企曾多次出现在广州土地拍卖会上，有着国企背景的中铁置业已通过高价竞得芳村两幅地块进入广州市场。另有部分外地房企通过项目或股权收购等方式、转让等方式而在广州获取项目。

广州市典型高价成交商品住宅用地（2009～2010年1～8月） 表3-1

时　间	地　块	竞买企业数	竞价次数	成交价（亿元）	竞得人	溢价率	主要竞争对手
2009年5月	海珠区益丰搪瓷厂地段	4	31	3.18	深圳佳兆业	65%	东华实业、广物地产
2009年6月	天河区珠江新城D8-C3地块	16	50	3.45	广州城建	154%	万科、利海集团、龙光集团
2009年7月	番禺区大学城DS1102地块	15	19	2.70	广州城建	103%	万科、龙光集团、君华地产
2009年8月	黄埔区大沙镇广深公路北横沙村东侧地段	5	44	2.39	广州恒翔房地产	154%	深圳广胜达投资有限公司，广东嘉德丰投资有限公司
2009年8月	番禺沙湾4-3地块	5	32	4.76	雅居乐	27%	保利、万科、奥园
2009年10月	萝岗区KXC-F8-1-1地块	5	101	43.41	雅居乐	152%	碧桂园、中信、保利、招商地产
2009年12月	番禺区大学城DS1202地块	7	25	4.64	广州城建	138%	保利、路劲基建
2009年12月	花都区南方花卉市场CA0401-20、29地块	5	40	8.30	路劲基建	98%	保利、北京首开
2009年12月	番禺区亚远城项目	2	47	255	富力、雅居乐、碧桂园	55%	保利、万科、中海联合体
2010年6月	荔湾区原高尔夫球场A地块	7	43	6.25	中铁置业	123%	广州城建、佳兆业、深业南方
2010年6月	荔湾区原高尔夫球场B地块	6	47	6.70	中铁置业	135%	南京朗诗集团、招商地产
2010年8月	番禺沙湾4-2地块	8	51	23.80	广州城建	80%	佛山创鸿、远洋置业、万科
2010年8月	番禺沙湾5-3地块	2	19	4.95	广州城建	26%	南京朗诗集团

数据来源：广州中原研究部。

3.3 外围地价大幅上涨

2009年，广州全市商品住宅用地成交楼面地价约4652元/m^2，同比上涨63%。其中，外围四区成交地块的楼面地价超过4000元/m²，增幅首次高过中心六区。这主要是由于2009年外围四区出让的商品住宅用地中较多地块具备稀缺景观资源，且有规划地铁线路等利好，如番禺区的大学城地块、亚运城和萝岗区KXC-F8-1-1地块等，这些地块往往规模较大，拉高了外围四区的整体地价。2010年1至8月期间，广州全市商品住宅用地成交楼面地价约6016元/m²，外围四区约为5707元/m²。

图3-3　广州市商品住宅用地成交楼面地价情况（2005～2010年1～8月）

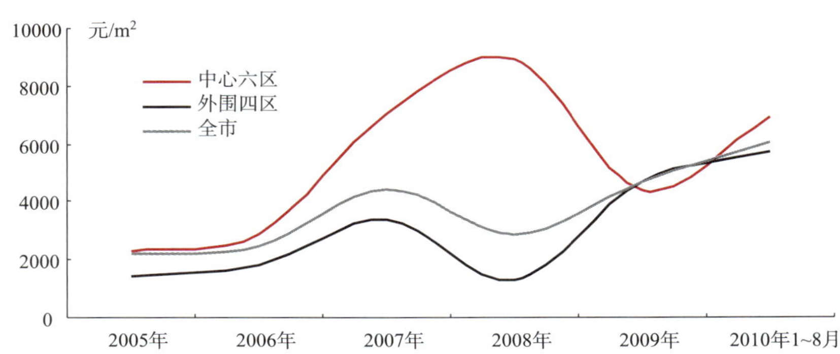

数据来源：广州中原研究部。

3.4 商办用地偶现流拍

2009年，广州全市共成交商办用地34幅，总建筑面积达359万m²，同比增长3倍。成交的商办用地的平均楼面地价约2496元/m²，较2008年上涨约20%。2009年广州所供应的商办用地中，有近半数是与商品住宅用地捆绑出让，大多以底价成交，因而拉低整体商办用地的成交价格。

2010年1至8月期间，广州全市共成交商办用地8幅，总建筑面积约37万m²，楼面地价约4201元/m²，较2009年上涨68%。另一方面，在2009年罕见的流拍现象在2010年上半年又有出现，位于外围的南沙和萝岗的两幅商办地块流标。

图3-4　广州市商办用地成交情况（2006～2010年1～8月）

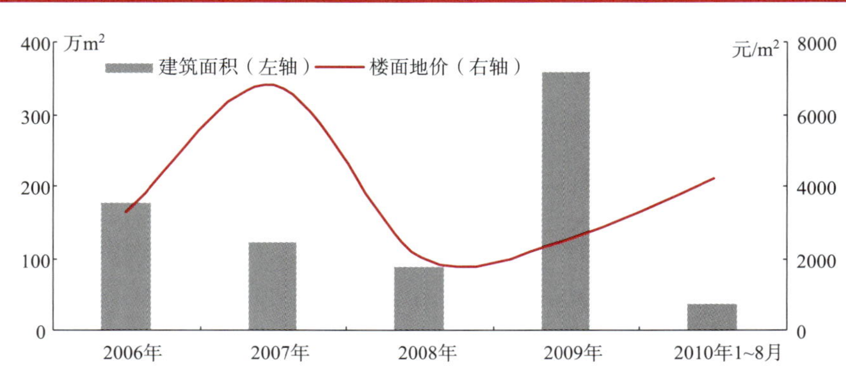

数据来源：广州中原研究部。

第4章　住宅市场价量齐创新高

4.1 一手住宅市场

受经济形势转变以及各项宏调政策影响，广州楼市2008年经历调整，自2009年一季度末重新开始步入上升复苏阶段。2009年广州一手住宅成交量创下近十年年来的新高；楼价也持续上涨，全市成交均价屡次刷新历史最高纪录。在市场快速复苏过程中，部分项目借政策宽松之势而大幅升价，捂盘惜售之象频频出现，地价也屡创新高。市场的过热引起了中央高度关注，2010年4月中旬，新一轮的从紧型的宏观调控政策出台，广州楼市再次进入调整阶段。

4.1.1 整体市场：成交量创新高　楼价暴涨

受2008年开发商调低开工面积的影响，2009年广州一手住宅新增供应年计668万m^2，同比下降18%。2010年广州一手住宅新增供应面积略有回升，前八个月新增供应面积合计约416万m^2，较2009年同期增长10%，但仍低于近年平均水平。

在各项宽松政策累加效应、流动性充裕、自住需求及投资需求大量释放的共同拉动下，2009年广州一手住宅成交量大幅回升，全年成交面积合计达978万余平方米，同比大增77%，比2007年增加22%。步入2010年二季度后，受中央一系列从紧型政策影响，一手住宅市场成交速度放缓，2010年1至8月期间，广州全市一手住宅成交面积仅410余万平方米，较2009年同期减少近四成。

2009年广州全市一手住宅成交均价约9346元/m^2，与2008年基本持平。步入2010年，广州一手住宅价格在二季度末出现短暂的回落后在三季度起再次重回上涨轨道。2010年1至8月期间，全市一手住宅成交均价已飙升至11880元/m^2，达到历史高峰。

图4-1　广州市一手住宅成交情况（2008年12月～2010年8月）

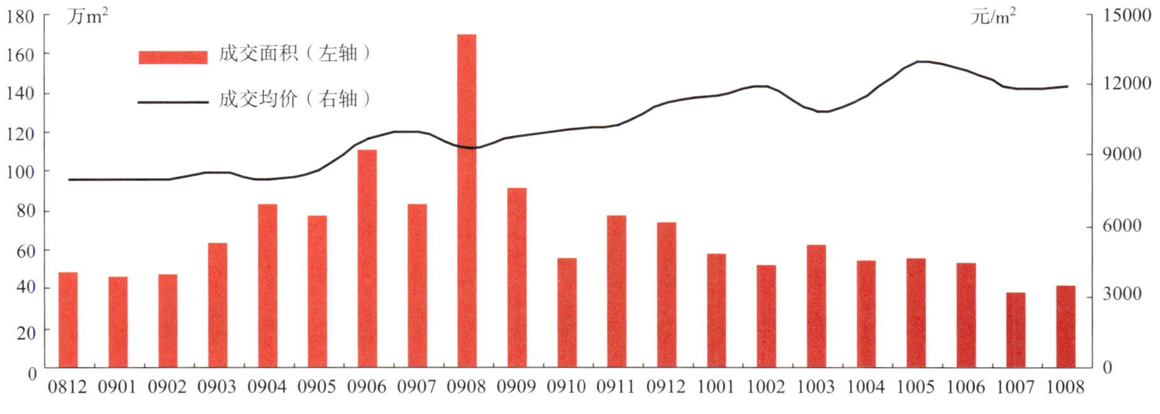

数据来源：广州市国土房管局。

4.1.2 城市扩张加速　外围市场发展迅猛

从成交量价走势看，广州中心六区及外围四区的表现与全市的总体表现基本一致。但从楼价变化情况看，外围四区及全市十区均价走势落后中心六区1~2个月左右，反映出中心六区各项目对市场形势变化的反应较快，对整体市场的走势起着主导性作用。

从市场份额看，中心六区在全市的比重均呈现下降趋势：2008年中心六区新增供应约占全市供应总量的47%，2009年回升至56%，2010年1至8月期间该份额大幅降至35%左右，中心六区供应紧缺现象愈趋明显；成交方面，2008年中心六区成交面积约占全市的64%，2009年下降至51%，降幅高达13个百分点，2010年1至8月期间，中心六区成交面积占全市的分额基本维持在2009年时的水平。

除新增供应量的分布性差异外，政府的“东进、西联、南拓、北优”的发展方略的逐步落实以及外围四区各项配套设施的逐步完善大大提高了其吸引力。在此情况下，近期中心六区对广州全市的影响力正逐渐减弱，市场重心外移趋势加强。

图4-2　广州市中心六区及外围四区一手住宅成交情况（2009年1月～2010年8月）

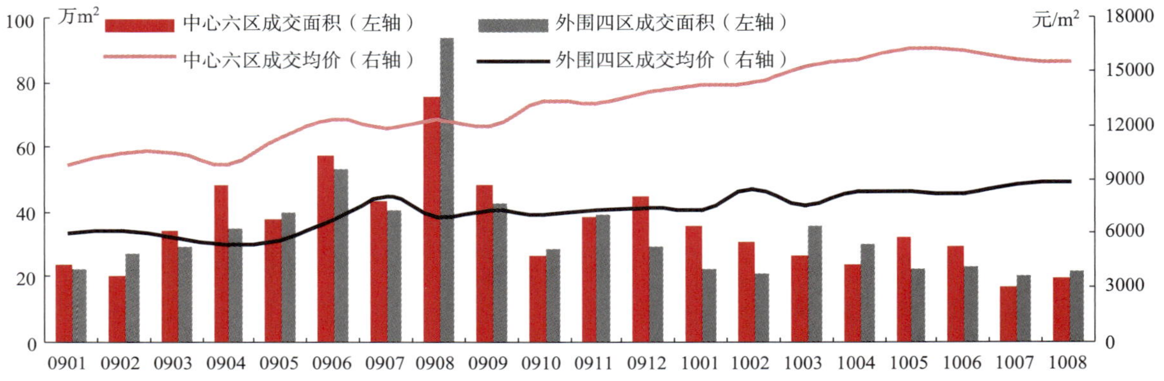

万m²
元/m²
中心六区成交面积（左轴）
外围四区成交面积（左轴）
中心六区成交均价（右轴）
外围四区成交均价（右轴）
100
80
60
40
20
0
18000
15000
12000
9000
6000
3000
0
0901 0902 0903 0904 0905 0906 0907 0908 0909 0910 0911 0912 1001 1002 1003 1004 1005 1006 1007 1008

数据来源：广州市国土房管局。

4.1.3　高价位产品比例大幅攀升

中原地产监测数据显示，2010年1至8月期间，广州一手住宅成交单位中9000元/m²以下的中低价位产品约占全市总量的46%，较2009年下降4个百分点；而20000元/m²以上高价位产品成交比例则大幅上升，该类型单位约占2010年1至8月全市总成交量的12%，较2009年全年水平上升近6个百分点，市场价格上行明显。

图4-3　广州市一手住宅成交价位分布情况（2008～2010年1～8月）

9000元以下
9000~15000元
15000~20000
20000元以上
2010年1~8月
2009年
2008年
0%
10%
20%
30%
40%
50%
60%
70%
80%
90%
100%

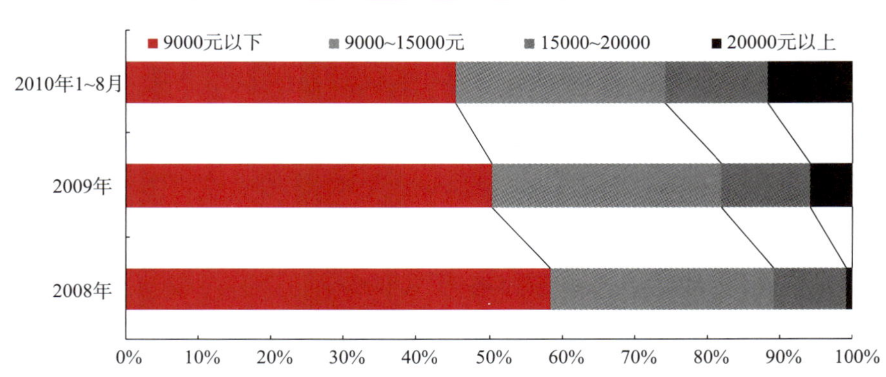

数据来源：广州中原研究部。

4.1.4 库存激增　存货去化周期延长

2009年上半年，广州一手住宅的成交整体上以存货消化为主，全市一手住宅批售比由2008年底的1.34快速下降至2009年6月的0.34；2009年下半年，广州一手住宅的成交则主要集中在有新货推出的项目，且成交速度开始放缓，全市存货货量的规模有所回升。截至2009年12月底，广州全市一手住宅待售存货约315万m^2，按照当时的消化速度计，这批待售存货的去化周期约为4.6个月。

进入2010年，受高企的价位及调控措施的影响，全市一手住宅的成交量一直明显低于2009年同期水平。2010年9、10月份，市场上大批新货将集中取得预售证，全市待售存货规模大幅飙升。统计显示，2010年8月底广州全市约有350万m^2的待售存货，按照近期的成交速度计，这部分产品可满足未来约8个月的消化需求，加之10月份开售的“亚运城”及外围其他项目的大批新货，2010年四季度起广州市场将面临较大的库存压力。

4.2 二手住宅市场

2009年，中央政府出于扩大内需拉动经济的需要，鼓励和支持住房消费，使得房屋交易量在2008年低谷的基础上大幅反弹，二手住宅价格甚至“报复式”大涨，尤以2009年下半年为甚。2010年“4.15新政”的出台，政策高压之下的二手住宅市场陷入观望，成交锐减，价格下调。2010年8、9月份的市场明显回暖，二手市场又显冲高之势。

4.2.1 市场短暂观望　成交逐渐回暖

广州市房管局数据显示，2010年1至8月期间广州二手住宅交易登记面积为550.67万m^2，与旺市的2009年同期相比，略低5%。预测2010年全年，广州二手住宅的成交量大约在836万m^2，同比2009年减少约13%。

2010年上半年，受调控新政影响，二手市场买家的预期也开始转变，市场交易量骤然下降。广州中原对市场的监测数据显示，自2010年5月开始，广州二手住宅市场经历了三个月的低谷，8月份市场显现回暖，成交大幅回升，达到年度最高水平。2010年8月起，市场动态的转变明显，各片区的新收客量、看楼量普遍增加；许多观望多时的老客户决策更加积极，对价格的接受度也提高；业主信心回升，又开始反价甚至惜售；投资客开始出现回流。

图4-4　广州市二手住宅成交面积情况（2009～2010年）

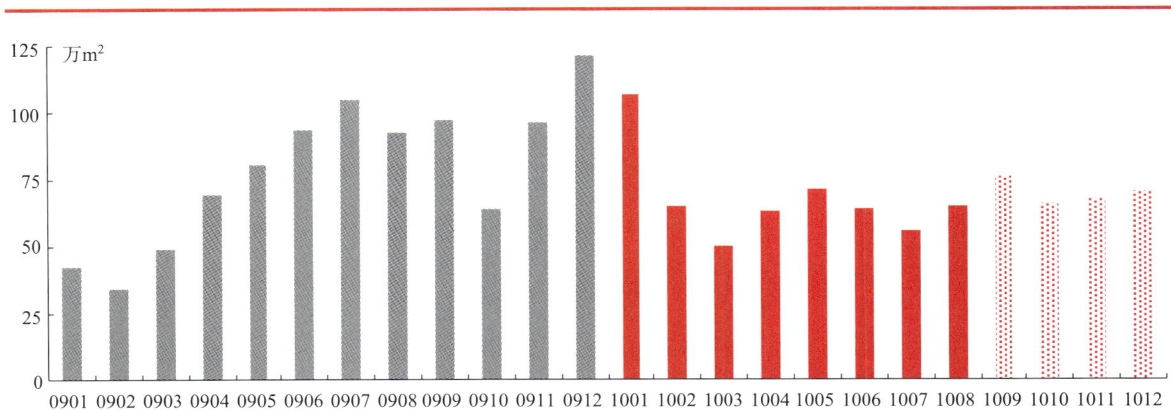

注：2010年四季度为预测数据。
数据来源：广州市国土房管局。

4.2.2 成交价格震荡上行

CLI广州二手住宅价格指数显示，2009至2010年期间广州二手楼市的价格上升趋势是主基调，但受季节性、调控政策的影响，也会有短暂的小幅波动。2010年虽然调控政策频繁出台，但并没有出现类似2007年“9.27新政”之后的“拐点”。

2009年，广州二手住宅市场实现了大“井喷”，二手住宅价格指数也持续上升，并延续至2010年4月，达到最高值273.4点；5～7月受调控影响价格指数连续三个月下降，累计降幅约3%；8月份市场氛围逐渐好转，市场需求不断释放，供求关系的变化使得业主重新占据主动，二手住宅价格转降为升。预计2010年第四季度广州二手住宅价格上升的态势仍将延续。

从全年整体的成交均价（不含别墅）来看，2008年中原二手住宅成交均价为8160元/m^2，2009年为9970元/m^2，增长了22%；估计2010年为12000元/m^2，将比2009年增长约20%。2010年楼价虽然在政策高压之下略有调整，但全年整体的价格水平依然明显高于2009年，二手住宅价格逐年上升的态势没有改变。

图4-5 CLI广州二手住宅价格指数（2004年5月～2010年12月）

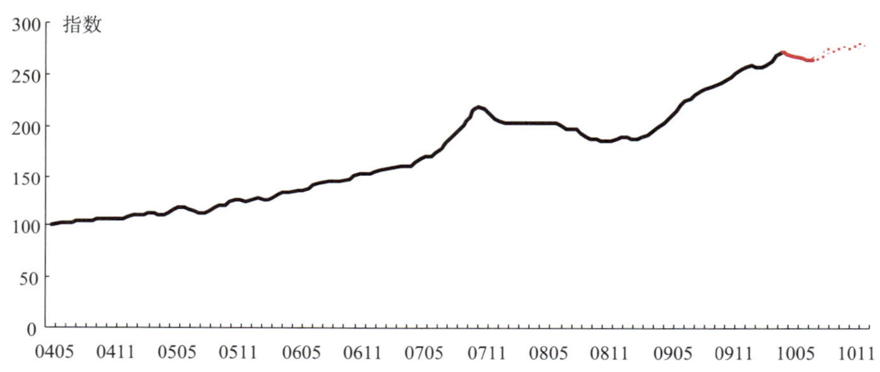

注：2010年四季度为预测数据。
数据来源：中原领先指数系统。

4.2.3 二手住宅成交特点

■ 刚需强烈 观望难持久

2010年5月开始，二手住宅市场买家开始观望，部分虽然出来看楼，但不会立刻决定。三个月之后已买家已开始入市，说明大量刚性需求依然存在，不仅包括首次置业，还包括相当部分改善型的二次置业。

■ CBD珠江新城最敏感

CBD珠江新城是广州最高端楼盘的密集区，也是投资客比重相对比较高的区域之一，在市场波动时期，往往最为敏感。2010年4月底开始，珠江新城就有不少投资客降价出货，降价幅度普遍在10%以上，成为降价最明显的区域。珠江新城的产品非大众化化，且数量占全市的比重不大，所以并未在其他片区造成跟进效应。但在每次市场回暖之机，珠江新城又往往是价格回升甚至反弹最迅速的区域。

■ 租赁交易活跃 租金逆市上涨

2010年5至7月期间，二手住宅买卖交易陷入低谷，而二手住宅租赁市场却持续活跃。调控新政不仅令部分业主转售为租，也使得部分买家变买为租，导致租赁交易火爆、租金上涨。天河北、新港西、江南大道南等传统的租赁活跃区域，三个月整体租金上涨约10%~15%；部分标准单间价格上涨达30%。整体来看，租赁市场的活跃，使得不少业主转售为租，降价出售的压力和意愿都有降低。

■ 房贷收紧　一次性付款增加

房贷政策的收紧，是2010年楼市调控政策的最主要手段，买家因此被动提高首付比例。中原的二手住宅成交数据反映，选择一次性付款的买家持续增加。据统计，2009年一次性付款比例为27%，2010年一季度为35%，二季度达到37%。

4.2.4 成交热点板块及楼盘

■ 十大交易热点板块

广州中原成交数据显示，2009至2010年期间，广州二手住宅的置业热点主要分布在海珠区、天河区和白云区。天河北板块多年以来一直稳居榜首，天河北是广州已经成熟的最大的商务区，配套十分成熟、交通便利，但价格仅处于中等偏上，是不少高收入工薪族的首选。海珠西板块，高中低产品相互搭配，而且园林小区众多，购物商圈也已形成，二手住宅成交量居全市第二位。白云大道、机场路板块，在规划利好、地铁建设的拉动下，吸引力逐渐增强，价格优势也非常突出。新港西依靠中山大学和大型布匹批发市场的两大支撑，向来是自用、投资皆宜。尤其值得关注的是，广州的CBD、广州楼价最高的板块——珠江新城也首次挤进了前十，这说明CBD的建设正日益成型，物业价值也越来越受到认同，目前一手开发高潮已过，二手交易逐渐升温。

广州市二手住宅十大交易热点板块　　表4-1

排　名	所属区域	板块名称	2009年成交均价（元/m^2）	2010年成交均价（元/m^2）
1	天河区	天河北板块	11700	14700
2	海珠区	海珠西板块	9200	11800
3	白云区	白云大道板块	7500	10000
4	白云区	机场路板块	6800	8400
5	海珠区	新港西板块	10800	13400
6	海珠区	江南大道南板块	8900	11200
7	白云区	广州大道北板块	7600	10100
8	天河区	东圃板块	8400	10500
9	天河区	珠江新城板块	18100	21400
10	海珠区	赤岗板块	9200	11000

数据来源：广州中原研究部。

■ 十大交易热点楼盘

广州中原成交数据显示，热点楼盘的格局和名单近几年基本没有改变，普遍都是一些规模大、开发成熟的楼盘，而且大部分价位处于本区域中等水平。2009至2010年期间，广州二手住宅的置业热点楼盘，海珠区占3个、番禺区2个、天河区2个、荔湾区1个、白云区1个、增城1个。超级大盘“祈福新村”依靠其规模，并且较低的价格，多年以来一直稳居首位。

广州市二手住宅十大交易热点楼盘 表4-2

排　名	所属区域	楼盘名称	2008年成交均价（元/m^2）	2009年成交均价（元/m^2）
1	番禺区	祈福新村	6700	8000
2	天河区	骏景花园	10300	12500
3	海珠区	金碧花园	9100	11800
4	荔湾区	荔港南湾	10000	12500
5	海珠区	逸景翠园	10300	13700
6	增城市	华南碧桂园	6900	10700
7	白云区	汇侨新城	6000	7400
8	番禺区	碧桂园凤凰城	7500	7900
9	番禺区	丽江花园	7300	8800
10	天河区	棠德花园	6300	7400

数据来源：广州中原研究部。

4.2.5 未来市场走势

从城市经济发展和房地产市场走势各方面因素分析，预计2011年政府对楼市的高压调控姿态将继续。楼市调控的复杂性、艰巨性非常突出，这既有楼市自身供求特点的原因，也有政策执行层面的“两难”因素。虽然2010年的成交量已经比2009年有明显下降，但预计2011年不会重现上次调控之后的大幅反弹，2011年广州的二手住宅市场将继续在调控中起伏波动，预计全年成交量略低于2010年。

中国的楼市，归根到底还是“政策市”，所以楼价终将趋向稳定，调控目标也必将实现。预计2010年广州的二手住宅价格走势依然会在政策中波动，全年的均价依然会有所上涨，但不太可能重复2009年、2010年的涨幅，控制在10%左右比较合理。

第5章 高端写字楼供求两旺 租金水平稳步回升

2010年，与住宅市场截然不同，广州商业地产市场几乎未受调控政策影响。新建写字楼供应量经历了春节的低位后反弹，虽在7月份稍有回落，但总体供应量同比大增；成交量方面，新建写字楼第二季度相对于第一季度略有下滑，但第三季度成交量持续飙升，8月份成交面积更是达到了两年以来的最高点，2010年总成交量却比去年同期激增超过六成。

5.1 写字楼供应量飙升

2010年1～8月期间，广州新建写字楼供应面积为68万m^2，同比增加225%。由于元旦、春节等传统假期的季节性因素，一季度新建写字楼供应量不大；4月份起供应量大幅增加，5月份达到全年供应峰值。2010年4～8月期间总供应面积达59万m^2，其中甲级写字楼面积达到33万m^2，如珠江新城“佳兆业广场”、“广州银行大厦”、“兴业银行大厦”等项目。另外低端写字楼和商务公寓的供应量亦较2009年有较大的升幅，供应主要来自于萝岗区的“科汇金谷”、白云区的“白云万达广场”等，市场步入供应旺季。

图5-1 广州市新建写字楼市场供求情况（2009年1月～2010年8月）

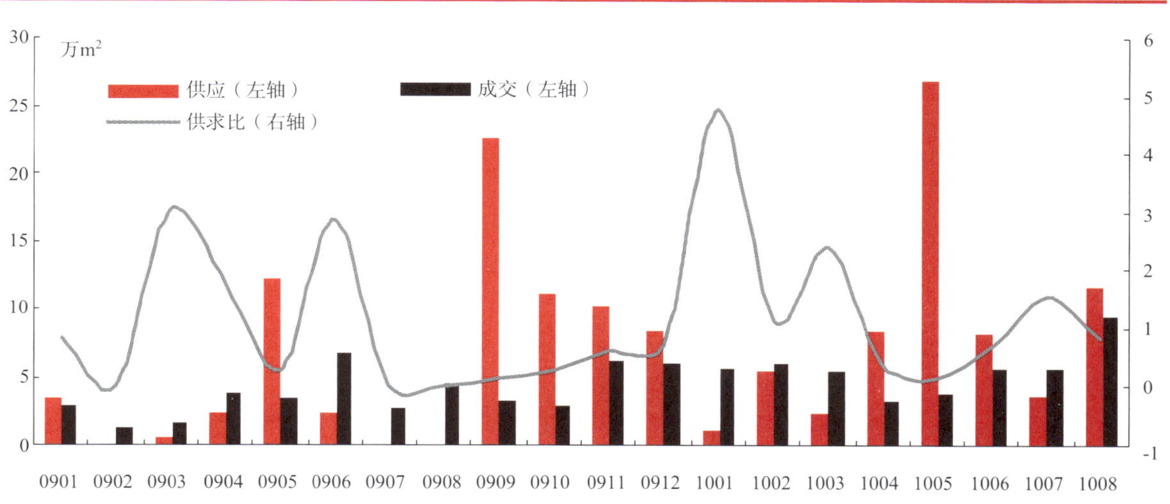

数据来源：广州市国土房管局。

5.2 写字楼交易活跃 大宗成交涌现

5.2.1 总量大幅超过去年同期

2010年1至8月期间，广州新建写字楼成交面积达45万m^2，同比增加65%。广州新建写字楼的成交面积自2009年第一季度以来基本保持稳步上扬的态势。

2010年一季度，新建写字楼的成交量较大，主要是消化了去年底推出的办公项目。进入4月，受到宏观调控政策的影响，观望情绪曾令市场成交一度放缓，但随着买家入市热情的逐渐恢复，第二季度成交量得以逐步回升。8月份的成交量更是达到了两年以来的峰值，成交面积达9.4万m^2。纵观2010年的整体情况，新建写字楼的成交量相当理想。

5.2.2 传统交易旺区占比减少

广州新建写字楼成交量仍以天河为首，白云、萝岗、越秀及海珠等区域紧随其后。与2009年同期相比，2010年上半年广州新建写字楼的区域成交集中度呈现弱化的趋势，近年来新建写字楼市场不甚活跃的区域如萝岗、白云、花都、黄埔和荔湾等在今年上半年均有录得成交记录，从而稀释了传统旺区天河、越秀的市场占比。凭借“白云万达广场”新建项目充裕的供应量，白云区异军突起，交投十分活跃，一举取代越秀区成为2010年上半年全市成交量的榜眼。

5.2.3 低端写字楼成交猛增

2010年新建写字楼成交产品呈多样化，但甲级写字楼仍然是广州新建写字楼市场的主导产品。2010年上半年，市场以消化年前的余货为主，2009年第四季度甲乙级写字楼供应大增令该档次的市场存货上升，从而推高了2010年上半年中高端写字楼的成交比例。而今年第二季度推出市场的产品以低端写字楼、商务公寓为主，使得下半年的低端写字楼以及商务公寓成交量大幅上升，特别是低端写字楼成交量同比上升277%。

图5-2 广州市各类型新建写字楼成交情况（2009～2010年）

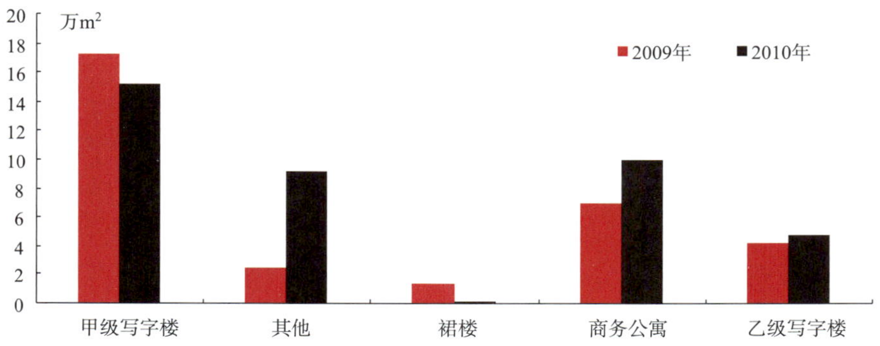

数据来源：广州中原工商铺部。

5.2.4 企业抢驻珠江新城　大宗成交涌现

2010年7月，中国奥园以1.6亿收购“南国商苑”B栋并改名为“奥园大厦”，恒大地产于同年的8月份又以19亿收购了“佳兆业广场”。广发银行和普华永道会计师事务所都进驻“高德置地广场”，分别租下了面积达1.2万m^2和0.9万m^2，各大企业纷纷进驻珠江新城。另外香港上海汇丰银行于2010年3月份进驻“太古汇”，租用面积达7.1万m^2。

广州市大面积成交写字楼项目（2009～2010年） 表5-1

企　业	签约时间	项　目	面　积	总　价	单　价	用　途
香港上海汇丰银行	2010-03	太古汇	27层写字楼，承租71000m^2	—	估计租金1.5亿元/年	自用
普华永道	2010-02	高德置地广场	5层写字楼，共约9000m^2	—	—	自用
广发银行	—	高德置地广场	9～13层，面积12000多平方米	—	—	自用
中国奥园	2010-07	南国商苑B栋	B栋17～21层及地下室的商业写字楼，43个车位及冠名权，总建筑面积约6587m^2	1.6亿元	2.45万元/m^2	收购
恒大集团	2010-08	佳兆业广场	可售面积约为92783m^2	19亿元	2.05万元/m^2	收购

数据来源：广州中原工商铺部。

5.3 写字楼价格趋涨　租金稳步上升

5.3.1 成交均价同比升幅近三成

2010年广州新建写字楼的成交均价为17416元/m²，较2009年全年成交均价14093元/m²上升24%。2010年广州写字楼成交均价总体呈波折式上升的趋势，8月份的成交均价更突破了20000元/m²大关。

图5-3　广州市新建写字楼成交情况（2008年1月～2010年8月）

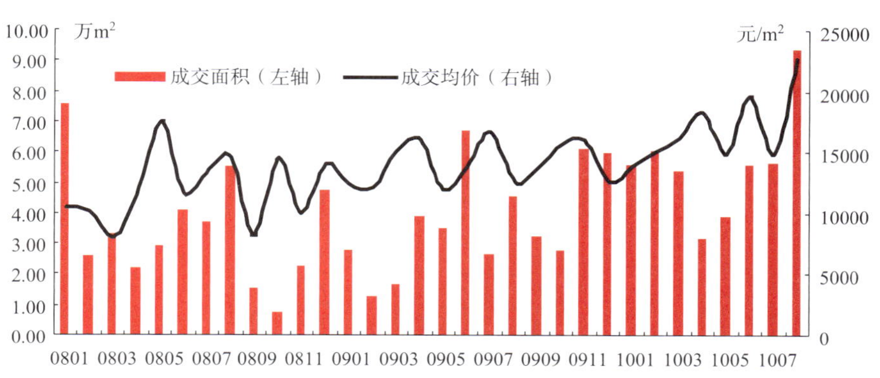

数据来源：广州中原工商铺部。

5.3.2 各价位写字楼成交分散

2010年各价格段写字楼的成交量较为分散。其中10000元/m²以下的写字楼主要来自于近郊，如花都区的低端写字楼、南沙的商务公寓等；10000~20000元/m²的写字楼主要来自于萝岗区低端写字楼、中心区域的乙级写字楼和商务公寓；20000元/m²以上的写字楼成交以天河区的甲级写字楼和中心区域的高端商务公寓为主。

图5-4　广州市各价格段写字楼成交情况（2009～2010年1～8月）

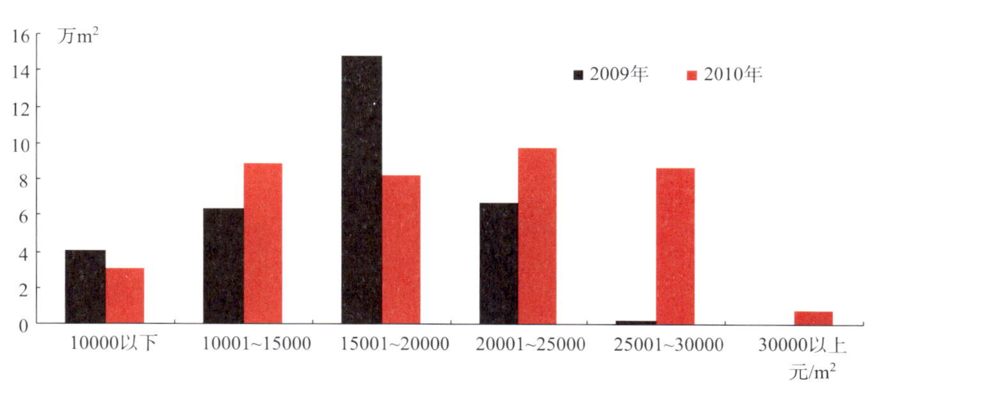

数据来源：广州中原工商铺部。

5.3.3 写字楼租金稳步恢复

2010年广州存量写字楼的租赁市场持续向好，租金水平以及空置率的情况均有所好转。珠江新城一些新落成高端写字楼的租金直接拉高了全市甲级写字楼的租金水平。整体而言，目前的水平尚未回复至金融海啸前的市场高位，甲级写字楼的租金仍有一定的上升空间。此外，亚运会契机等因素促使2010年办公需求增大，也降低了存量写字楼的空置率。

2010年广州存量甲级写字楼租金水平持续上扬，平均每月升幅不超过2元/m^2，总体表现温和。经过一年多的调整，在5月份甲级写字楼租金水平才重新回到2009年2月份的水平。总体而言2010年整体租金水平与2009年同期不相上下。

图5-5 广州市甲级存量写字楼租金水平（2009年1月～2010年8月）

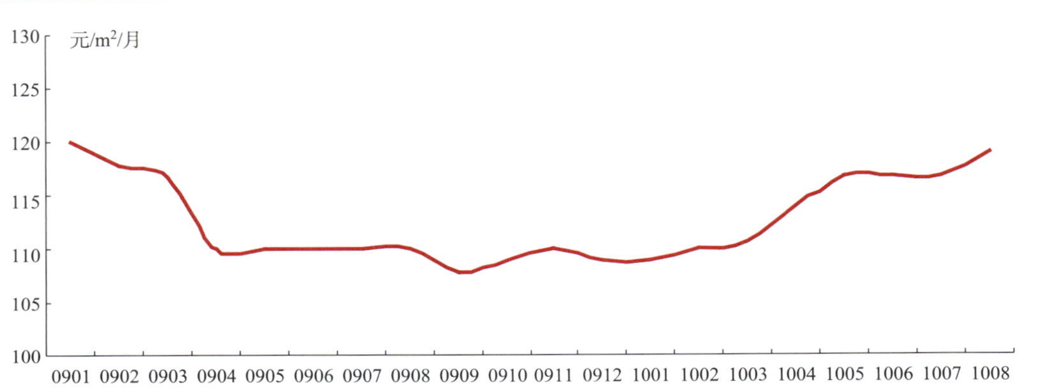

数据来源：广州中原工商铺部。

5.4 未来市场走势

5.4.1 甲级写字楼持续放量

展望2011年，广州写字楼供应方面，天河、越秀和萝岗将持续提供大量新货，近郊及其他中心区的供应量虽然不多，但不时也会推出各种不同档次的产品作为写字楼市场的必要补充。预计全年供应以甲级写字楼和中低端写字楼为主，珠江新城仍然是高端写字楼的主要供应区域。

5.4.2 成交均价持续走高

受到甲级写字楼持续上市的影响，广州新建写字楼成交均价的上升空间仍然较大。未来出台针对写字楼的宏观政策的可能性不大，亚运会的到来以及新建写字楼配套设施的升级换代将为写字楼成交均价的上涨增加动力。2010年的成交均价同比升幅达到26%，预计2011年广州新建写字楼成交均价将再有更大的涨幅。

5.4.3 租金有望回到金融海啸前的水平

珠江新城部分项目陆续开始招租，有利于推动租赁市场进一步繁荣。随着珠江新城在建甲级写字楼陆续落成使用，以及硬件配备更为先进的新建写字楼陆续投入使用，预计2011年广州存量写字楼的租金水平将保持上升势头。在2010年亚运经济的带动下，国内经济发展将持续向好，国内外企业对广州写字楼的需求会不断的增加，租金有望回到金融海啸前的水平。

第6章 商铺市场供求两旺 成交均价历史新高

2010年第一季度，广州商铺市场普遍受到农历新年以及政策的影响，市场观望气氛浓厚，供求有所回落。随着投资者信心的逐渐恢复，3月份起市场供求明显增加。总结2010年成交量的整体表现，新建商铺市场供求两旺，社区商铺稳占市场份额，新兴商圈不断涌现，市场经营模式推陈出新，商铺供应均以中、小面积的社区铺为主。

6.1 商铺市场整体特征

6.1.1 社区商铺稳守龙头地位

在投资者的热切追捧下，社区商铺成为目前市场供应及成交的主力。相当一部分近郊楼盘由于周边生活配套不及市区完备，为社区商铺提供了广阔的市场空间，该产品成为近期人们主要的投资对象。

6.1.2 白云新城成为商业热点

“白云万达广场”在2010年二季度开售一炮走红，引发全城的抢购热潮。随着“白云万达广场”、“五号停机坪”等大型商业综合体相继落户，白云新城周边多个商业项目闻风而动，纷纷加入争夺市场蛋糕的行列。目前该区域多个大型商业项目正如火如荼地进行招商，促使白云新城的商业气氛迅速升温。预计这批项目开业后，作为白云区定位最高端、规模最大的商圈，白云新城将成为广州北部一颗亮丽的商业明珠。

6.1.3 调控政策影响不大

从2010年前三个季度的情况来看，广州商铺市场并未受到宏观调控政策的直接冲击，银行收紧银根对商铺市场的影响有限，观望情绪从第二季度逐渐减弱，投资者对后市普遍保持较强的信心。根据成交个案分析，一部分买家已把投资重心从住宅市场移向商铺市场。

6.1.4 零售企业加快扩张

2010年，各类型一线品牌零售商纷纷抢滩广州商业市场，这不仅反映在市场对优质购物中心和商业裙楼需求的增加，而且也是零售企业之间竞争加剧的真实写照。面对外资零售商的步步进逼，国内零售企业亦不甘示弱并主动反击，如广州友谊已租下“广州世界贸易中心”裙楼以巩固其在环市东商圈的地位。此外，香港百佳集团仅用一周时间即与海印集团成功签署合作协议，其辖下高端品牌TASTE于今年第一季度进驻“中华广场”，快速拿下这个原本属于竞争对手吉之岛的吸金旺地，打响了百佳集团进军广州高端零售市场的第一枪。

6.1.5 老城区涌现小型主题商场

2010年广州老城区悄然冒出了一部分小型主题商场。它们的经营范围各有不同，其中有做精品百货的，如儿童主题的“宝贝城”、“万城儿童反斗城”等；也有做红酒和婚庆用品的，如“星辰汇”、“星辰名酒交易中心”等。这些商铺均为场内铺，具备了有产权、面积小、总价低等共同特点。从销售速度来看，市场反应不错。

广州市大型商业项目新增供应（2009～2010年） 表6-1

区　域	项目名称	项目地址	类　型	上市时间	建筑面积（万m^2）
白云区	白云万达广场	云城东路西侧，横五路以北	购物中心	2010-06	39
天河区	珠江太阳城广场	珠江新城平川路	购物中心	2010-08	15
越秀区	名商天地皮料五金市场	广园西路	专业市场	2009-05	13
海珠区	万城儿童反斗城	前进路	购物中心	2010-08	3

数据来源：广州中原工商铺部。

6.1.6 大型商场相继开业

2010年白云新城的两个大型项目“白云万达广场”、“五号停机坪”都分别在12月份高调开业，番禺区的“哈街”于10月份开业，越秀区的“友谊世贸新天地”和“宝贝城”都分别于8月份和年底开业，珠江新城的“友谊西塔”和“高德置地广场购物中心”一期亦于2010年底开业。另外各大型购物心中或商业项目都在火热招商中，如“珠江太阳城广场”、“万城四季广场”、“万城儿童反斗城”、“时尚天河”、珠江新城的“中环广场”等，预计都将于2011年推出市场。

广州市新开业大型商业项目（2009～2010年） 表6-2

开业时间	项目名称	地　址	建筑面积（万m^2）
2010-11	宝贝城	越秀中路	1.0
2010-12	白云万达广场	云城东路西侧，横五路以北	39.2
2010-12	5号停机坪	机场路	8.5
2010-10	哈街	番禺桥南路	5.0
2010-11	友谊西塔	珠江大道西与花城大道交界处	4.5
2010-08	友谊世贸新天地	环市东路	2.0
2010年底	高德置地广场购物中心一期	珠江新城花城大道与冼村路交汇处	17.0

数据来源：广州中原工商铺部。

6.1.7 百货业大面积进驻

商业项目遍地开花，大型企业都争先恐后地进驻，以抢占先机。广百不惜两次进驻同一商圈，继2010年4月进驻珠江新城“太阳城广场”1~6层后，2010年7月又签约进驻“高德置地广场”1~4层，签约面积分别达到2.6万m^2和1.5万m^2；另外，同年的6月份，吉之岛百货亦签约进驻“高德置地广场”，面积达5000m^2；广州友谊商店于2010年1月份分别进驻“广州世界贸易中心大厦”和“广州国际金融中心”，签约面积分别为2.5万m^2和4.47万m^2。

广州市大面积成交商业项目（2009～2010年） 表6-3

公　司	签约时间	项　目	面　积	租　金
广百百货	2010-04	珠江新城太阳城广场	1～6层约2.6万m^2	租期为15年，年均租金（含物业管理费）合计约为4600万元
广百百货	2010-07	高德置地广场	春季商场首层至四层部分合计约1.5万m^2	租期12年，年均租金（含物业管理费）约为3300万元
吉之岛百货	2010-06	高德置地广场	5000m^2	—
广州酒家天极品	2010-05	五号停机坪	近4000m^2	—
广州友谊商店	2010-01	广州世界贸易中心大厦	1~6层裙楼商场，总建筑面积合计约为2.5万m^2	租期6年，年均租金约7883万元
广州友谊商店	2010-01	广州国际金融中心	西塔首至五层、地下负一层和负一夹层的裙楼商场，总建筑面积4.5万m^2	租期7年，年均租金约7655万元

资料来源：广州中原工商铺部。

6.2 新建商铺市场供求分析

6.2.1 供应大增达历史峰值

2009年下半年以及2010年下半年是广州商铺供应的主要时期。2010年一季度因受到春节假期的影响，供应面积相对减少，也是商铺市场传统的供应淡季。2010年春节后商铺供应面积如雨后春笋般飙升，6至8月供应量已超过40万m^2，其中社区商铺面积接近23.68万m^2，2010年下半年广州新建商铺供应市场达历史峰值，供应量的回升除了经济回暖的直接作用外，本轮调控也有一定的推动作用。

图6-1 广州市新建商铺市场供求情况（2009年1月～2010年8月）

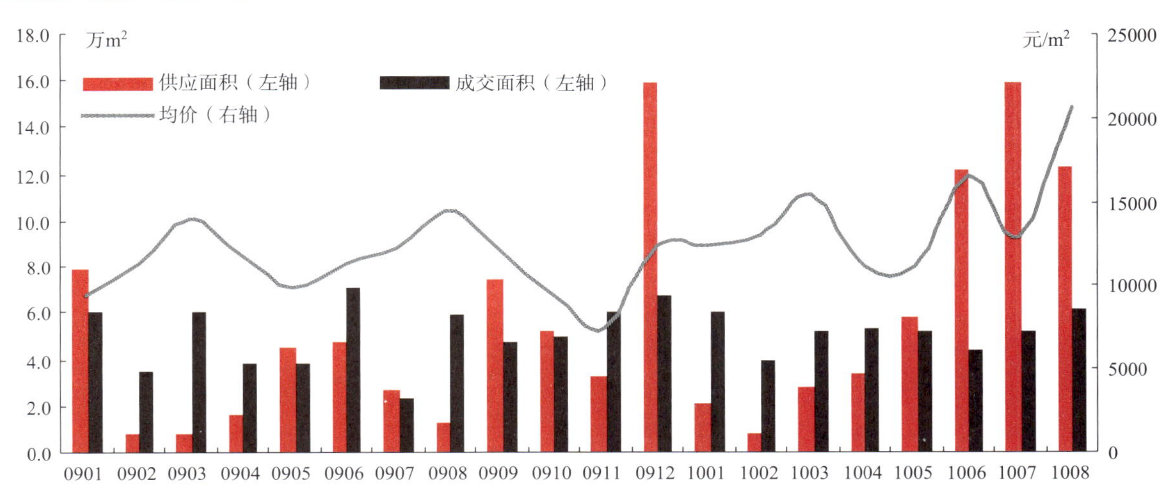

数据来源：广州市国土房管局。

6.2.2 成交稳定均价振荡上行

2010年1至8月期间，广州新建商铺成交面积为41.57万m^2，同比上升75%。除受春节假期影响成交面积稍有回落外，其余月份均超过4万m^2。各月的成交量起伏不大，总体表现相对平稳。

2010年1至8月期间，广州新建商铺成交均价为14270元/m^2，同比去年上升26%。中心六区的新建商铺成交比例较高，直接推高了全市商铺的成交均价，8月全市（十区两市）成交均价更是达到历史峰值，首次突破20000元/m^2的大关。

6.2.3 中心六区商铺稳占超过六成

2010年度中心六区新建商铺成交面积达到27万m^2，约占全市总量的65%，同比上升61%，近郊四区成交面积萎缩至不足四成。天河为中心六区的成交之最，面积超过11万m^2，产品主要为社区商铺和写字楼裙楼。珠江新城社区商铺持续放量，带动区内商铺成交面积上升。近郊四区社区商铺供应充裕，且价格低廉，但商业气氛欠佳，难以在短期内引起投资者的足够兴趣，成交量无法扩大。

图6-2　广州市各区新建商铺成交情况（2009～2010年）

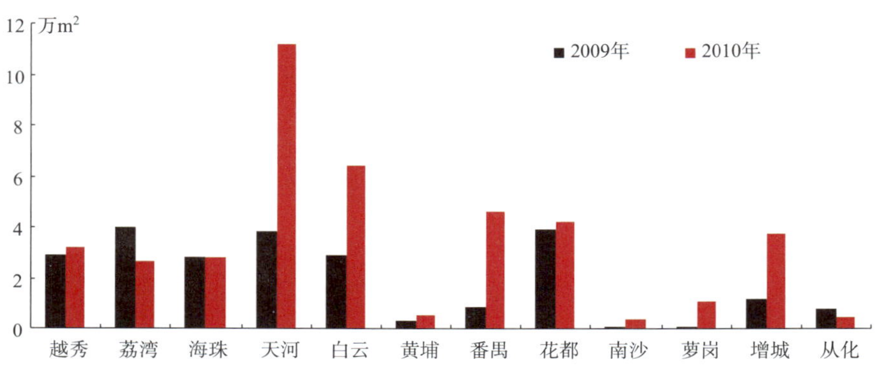

数据来源：广州中原工商铺部。

6.2.4 社区商铺成为交易主体

2010年广州新建商铺市场供应侧重于社区商铺，交易面积超过21万m^2，占商铺总成交量的五成，是目前市场上最受追捧的产品。此外，商务公寓也颇受欢迎，成交面积7.42万m^2，占全市成交总量18%，2010年初几个公寓项目热销，拉升了此类产品的成交占比。专业市场则成交低迷，虽然目前广州在售的专业市场商铺存量尚算充足，但只局限于个别行业，且大部分项目已经进入销售中后期，交投承接力度明显减弱，加上新货供应不足，大大抑制了专业市场商铺的成交。另写字楼裙楼商铺成交量与去年基本持平。

图6-3　广州市各类型段新建商铺成交情况（2009～2010年）

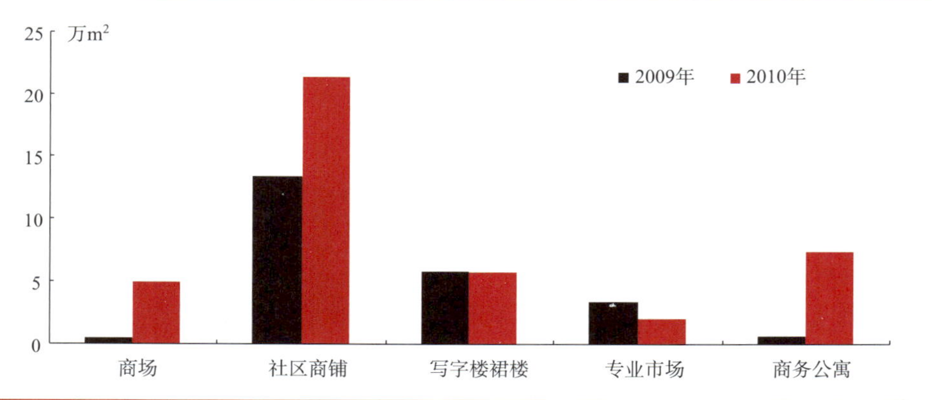

数据来源：广州中原工商铺部。

6.2.5 小型单位占尽优势

从宗数来看，2010年1至8月期间，广州新建商铺市场总成交宗数接近4000宗，同比上升113%。其中，100m^2以下的小型单位最受欢迎，新建商铺成交中有超过3000宗为小型商铺，占整体成交宗数的79%。此外，2010年2000m^2以上的大面积商铺成交达25宗，同比上升79%。大面积成交个案主要来自社区商铺和写字楼裙楼。

6.3 未来市场走势

6.3.1 南北两大商圈带来新机遇

"南站新城"、"亚运城"与"万达广场"、"五号停机坪"两大商圈的强势崛起，彻底改写了广州南北原有的商业格局，并将其定位到一个全新的高度。历史经验告诉我们，每一次重大的商业扩张都会使广州的商业格局产生巨变，随着南、北两区新、旧商圈的彼此撞击联动，广州老城区以外周边的商业气氛将被更好地调动起来，使不同层次的市场、行业重新找到新的经营定位，进而填补各区的商业市场空白，对巩固广州的千年商都地位、提升广州整体的商业氛围有着深远的战略意义。

6.3.2 社区商铺仍然是主流

四大商圈规划的出台，为广州商铺市场展示了更加广阔的前景，旧城改造计划将有望为商铺市场注入新血，但具体实施尚需一段时间。纵使今年的"万菱汇"、"太古汇"、"万达广场"以及"五号停机坪"等大型商业项目推出对天河商圈和白云新城商业档次的提升具有一定作用，但整体上2011年广州的商铺市场供应仍将以社区商铺为主，老城区由于新建项目不多，相信社区商铺的供应数量相对有限，预计近郊的社区商铺凭借数量充裕与价格优势将成为供应与成交的主力。

Photo by: Hu wenkit 胡文杰（www.pdoing.com）

Story
楼事

广 州 | GUANGZHOU

第7章 “三旧”改造为楼市发展腾空间

广州中原研究一部　瞿中奇

随着城市房地产业的快速持续发展，如何提升旧城区功能、提高土地资源的利用效率、实现社会经济可持续发展，成为市政府面临的新课题。2006年，广州市政府工作报告正式提出“中调”，即重点复兴老城区的战略；2009年8月17日，广州市政府常务会议通过了《关于加快推进旧城更新改造的若干意见》，加速推进城中村改造工作；2010年1月，广州市政府出台了《广州市旧城更新改造规划纲要（征求意见稿）》。至此，广州市的“三旧”（市中心的旧城、旧村、旧厂）的改造开始有计划性地全面推进，而其中城中村改造是重头戏，房地产业则成为“三旧”改造的主要外在体现。

7.1 起源

7.1.1 加快实施“中调”战略

2001年，广州市“十五”规划中明确提出了“南拓、北优、东进、西联”的区域发展战略，确立了加快十大重点发展区域建设计划的目标。十大重点发展区域为：珠江新城、广州新城、白云新城、广州科学城及周边地区、南沙地区、大学城及周边地区、白云国际机场及周边地区、铁路新客站周边地区、萝岗中心区、琶洲地区。随着上述十大重点区域的开发推进，城市周边区域得到了迅猛发展，城市面貌“一年一大变、三年一中变、五年一大变”，相比之下，老城市中心发展就显得相对滞后。2006年，在进行“十一五”规划时，时任广州市委书记朱小丹提出了“中调”战略，即重点复兴老城区，强调发展服务业。

7.1.2 近年中心区楼盘供应渐少

经过多年开发建设，城市中心区的可开发用地越来越少，2006年以来，中心区土地出让面积占全市的比例逐年下降，2009年已下降至15%以下。中心区土地供应不足导致房屋供应减少，从而推动楼价迅速上升。而另一方面，中心区仍存在大量的“三旧”用地。通过加快“三旧”改造，可以增加市区土地的储备，促使城市建设均衡发展。根据规划，2010年市区的土地供应明显增加。

图7-1　广州中心六区居住用地成交情况（2006～2010年）

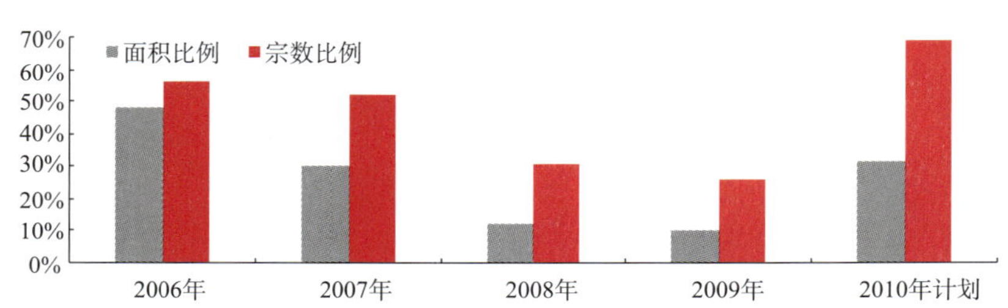

注：比例是指六区占全市的比例；2006至2009年是招拍挂成交数据，2010年是供应计划数据。
数据来源：广州中原研究部。

7.2 发展

7.2.1 “三旧”改造的十年计划

2010年11月广州将举办亚运会，城市中心的各项配套工程建设加速，为广州加快推进“三旧”改造提供了契机。2010年2月24日，广州市“三旧”改造工作办公室（简称市“三旧”改造办）正式挂牌成立，统筹全市“三旧”改造工作。根据计划，广州将用十年时间完成全市“三旧”改造，启动20个旧城片区整治改造、开展30个旧厂改造、盘活土地5km²。据统计，此项改造将拆建房屋1000万m²，投资总额达1000亿元，此等规模的建设发展在广州城建史上前所未有。

根据计划，2010年亚运会前将完成琶洲、猎德、冼村、林和村、杨箕村、小新塘、棠下村、萧岗村、三元里村等9个“城中村”的清拆工作。目前，冼村、小新塘、萧岗等村正在完善相关的改造方案，而猎德、琶洲、林和村等已开始启动。

7.2.2 2010年“三旧”改造加速

2007年9月，为配合珠江新城CBD建设，其核心地段天河猎德城中村地块由富力、合景泰富以及新鸿基三家联手获得，拉开了“三旧”改造的序幕。而“三旧”改造有计划性地、全面、系统地展开，则是最近两年，尤其是2010年达到了高潮。随着“三旧”改造的深入，广州市政府不得不放弃了此前不允许开发商参与旧城改造和旧厂改造的策略，使得各大开发商有机会大显身手，在广州获得了新的发展机遇和空间。

广州市近几年重大“三旧”改造项目情况 表7-1

启动时间	项　目	规　模	远　景	参与开发商	投　资
2007-09	天河区猎德城中村	占地超11万m²，总建筑面积57万m²	位于CBD核心区域。大型商业中心、高档酒店、甲级写字楼及服务式公寓	富力地产、合景泰富、新鸿基地产	地块价格46亿元，项目投资达100亿元
2009-10	白云区白云新城四宗商业金融地块	占地12.6万m²，总建筑面积28万m²	位于白云新城，将是主城区北部商业文化服务中心。融集了大型购物中心、商业步行街、甲级写字楼、超五星级酒店、城市公寓等	万达集团	地块价格11.22亿元，斥资50亿元建“万达广场”
2009-10	海珠区琶洲城中村	占地40万m²，总建筑面积104万m²	位于会展经济圈。设计为集居住、办公、酒店、购物、娱乐、餐饮和滨水休闲活动等为一体的综合功能区	保利地产	地块价格1.42亿元，项目总投入170亿元
2010-01	天河区林和村	占地6.6万m²、总建筑面积37万m²	位于天河北商务区。配备健身会所、商业大厦的高端居住区	新鸿基地产	首期用于拆迁改造的元资金9.5亿

资料来源：广州中原研究部。

2010年，“三旧”改造加速，多家发展商参与各大改造项目，包括：和黄地产已经与番禺的里仁洞、市头村签下开发改造意向书，汇美发展也已经和白云区小坪村签下合作意向书，万科合作开发黄埔区文冲改造项目，中信地产参与海珠区土华村改造项目；富力地产参与越秀区杨箕村改造项目等。越来越多的开发商对城中村改造显示出强烈兴趣，积极寻找合作机会。

7.2.3 实行“一村一策”

广州市政府在城中村改造的模式方法上探索了十多年，从最初的拒绝开发商由政府主导，到政府主导引进开发商，最后形成了政府主导、村民自愿、社会参与的开发模式。近两年，为了进一步加快推进“三旧”改造工作，激发改造区域居民的热情和积极性，同时又能兼顾合作开发商的利益，广州城中村改造采用实行“一村一策”，即每个村都可以灵活选择最适合自己的政策和方案，政府在里面只是起到引导支持的作用。广州“三旧”改造办副主任陈建华说，“一村一策”中的“策”不仅指政策，更指改造方案，每个村都可以根据自己的具体情况来决定改造方式。

广州城中村改造模式特点　　表7-2

模　式	区　域	特　点	详　情
政府主导、市场参与	猎德村、冼村	部分卖地融资	2007年猎德村在138个城中村中率先启动改造，按照方案，整个猎德村推倒重建，其中部分地块转为商业地块进行运作。当年9月，富力地产与合景泰富联手拿下猎德村城中村改造地块，随后的冼村也采取相似模式。
开发商全程承担	琶洲村	整体打包融资	根据规划，琶洲村改造总占地面积为75.8万m^2，分为13宗地块。其中4块地作为融资地块公开出让，被保利地产以1.42亿元竞得；其余9个地块属于村民复建安置用地、村集体经济发展用地以及公建配套用地。整个拆迁改造将由开发商承担，保利地产需投入共约170个亿，其中有约47个亿用于村民回迁安置、复建房建设等。
村组织主导、开发商参与	林和村	自主改造合作开发	2010年1月，林和村最终选定了新鸿基地产作为合作对象开展城中村改造。改造中林和村并没有出让土地，而是拿出部分地块与合作对象共同开发。据悉，林和村改造后的6栋为回迁房，另有7栋住宅及1栋公寓是作为共同开发的项目，林和村拥有30%的股权，这也是未来村民的分红来源。

资料来源：广州中原研究部。

7.3 影响

7.3.1 拆迁高补偿推高楼价

2010年广州“三旧”改造项目之所以能够得以快速、顺利推进，拆迁补偿标准不断提高是主要原因之一。但拆迁补偿标准的提高，也推动了周边区域楼价顺势上涨，尤其是对二手住宅市场的影响比较明显。2009年3月，越秀区东濠涌房屋拆迁补偿最高可达13360元/m^2。广州中原监测数据显示，消息公布仅几天，周边二手房业主反价的现象增多，7000~9000元/m^2的楼盘涨至1万多元/m^2，个别甚至涨到1.2万元/m^2，升幅高达50%。

7.3.2 旧改拆迁推高周边租金

城中村改造推进，使得原本居住于城中村的人群大量向外迁移。获得高补偿费的村民，会就近购置商品住房，活跃了被拆迁区域的买卖交易；而大量在城中村租住的中低收入人群，则需要重新择居，导致租赁市场供不应求，房东趁机上涨租金，尤其是紧俏的小户型单位。2010年广州住宅租金一改前两年基本平稳的态势，逆市上涨。在天河北、新港西、江南大道南等传统的租赁活跃区域，显现得尤为明显，城中村改造是原因之一。

7.3.3 改造降低居住舒适度

据改造项目的规划显示，广州猎德村安置复建房容积率为5.2，林和村回迁房建到49层，冼村新住宅楼的容积率是6，村集体物业容积率是6.5，融资地块达到了7.4。城市中心如此高密度的住宅规划，会造成周边居住环境的恶化，也会对周边交通承载力、公共配套等提出更高负荷要求。某种程度上来说，城中村改造为筹集资金而牺牲容积率，从而降低了居住舒适度。2010年3月29日，广州市规划局局长表示，广州很重视避免“低城中村”变“高城中村”，城中村改造很快就会有调整，要对改造后住宅楼设容积率上限。

7.4 小结

总体来说，广州“三旧”改造对于提升城市形象，完善城市功能，调整城市布局起到积极作用，城市中心将由于“三旧”改造而呈现新面貌，老城区也将更加“宜居”。从房地产市场角度来看，此举增加了城市中心区的土地供应，未来中心区产品供应也会加大。这既是各大开发商新的发展机遇，也有利于满足市民对市中心区域的旺盛购房需求，还有利于平抑市中心区域的高楼价，并间接影响郊区的楼价。

第8章　解读广州“亚运城”

广州中原研究二部　胡广东

2010年，广州郊区的华南板块大部分商品住宅项目逐步进入开发末期，番禺区的商品住宅市场对在广州中心城区内工作人群的吸引力有所下降。但随着几条地铁线路的规划及建设、新火车站的投入使用以及2010年亚运会的临近，大学城以及亚运城一带正在成为番禺区新一代的中心居住区。其中，“亚运城”由于其背景特殊、规模庞大而备受关注，将会是今后几年广州市场上又一超重量级热点项目。

8.1 规划先行　先天优势明显

8.1.1 亚运城：广州新城的启动区

2000年《广州城市发展总体战略规划》确立了广州城区的规划发展方向——“东进、西联、南拓、北优”。在2001年8月份编制完成的《广州城市建设总体战略概念规划纲要》中，更细化了南拓轴线，首次提出要建设广州新城的构想——广州卫星城，加速发展当地经济的同时分流市区中部稠密的人口和产业。

根据纲要，广州新城的功能定位为：广州南部都会中心、珠三角服务之芯、国际亚运旅游休闲地、创意水都、生态宜居新城。广州新城主要职能包括绿色居住、创意产业、旅游休闲、总部基地、生产性服务，将发展成广州第二大城市中心，而位于广州新城核心位置，作为广州新城启动区的“亚运城”自然被寄予厚望。

图8-1　广州市城市发展总体战略规划示意图

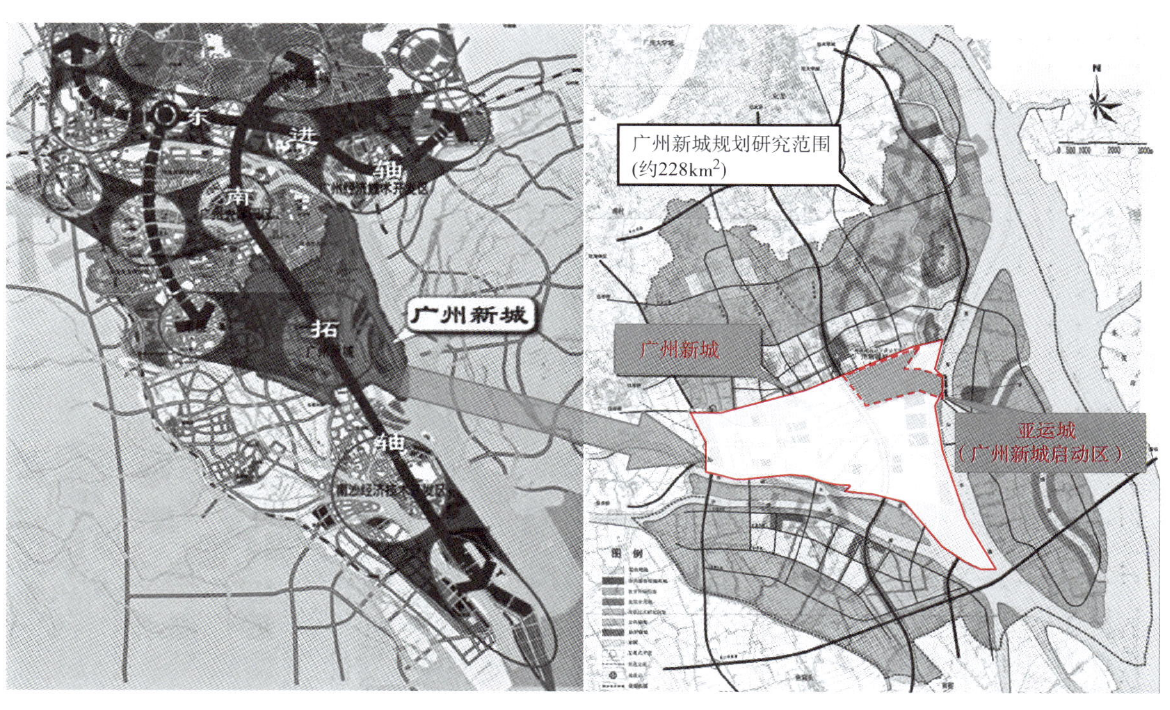

资料来源：广州中原研究部。

8.1.2 规模宏大　组团式规划优势明显

“亚运城”位于广州市番禺区石楼镇，是规划中广州新城的启动区。“亚运城”所在地北接石楼，西临沙湾。用地范围包括京珠高速公路、轨道交通四号线以东，清河路以南，莲花山水道、石楼涌和小浮莲山以西，规划中的长南路、轨道交通三号线以北内除AGT0239和AGT0332（村留地）地块外的全部用地。

项目规划总用地面积约2.64平方公里，相当于0.4个珠江新城；总建筑面积约438万m^2，其中商业面积21万m^2，公建及配套设施面积32万m^2，住宅面积385万m^2。其住宅面积相当于2008年广州全市一手住宅新增供应量的一半，体量十分巨大。

8.1.3 交通便利配套先行　发展前景向好

“亚运城”位处番禺的东南部区域，极为便利的交通条件是其最突出的优势，公交、地铁、快速（高速）路以及水路等交通工具大大拓展了亚运城的辐射范围。公路方面，项目西边的京珠高速近在咫尺，不远处即有南沙港快线，这两条南北向的高速路也极大地缩短了亚运城到市区的交通时间，大大拉近“亚运城”与市区的距离。地铁线路方面，四号线在其附近有两个站点，其中海傍站就在亚运城的西南角，目前已经开通，45~60分钟左右即可抵达天河城、环市东等市中心。此外，规划中的地铁三号线延长线、十九号线都途经亚运城，多个地铁站点的设置将有效的缓解未来的交通压力。交通条件的改善大大提高了“亚运城”对在市区内工作人群的吸引力。

配套规划上，“亚运城”早在建设之初就已将相关配套的建设要求明确写入项目的总体规划中，并在前期由政府主导建设以保障实施进度。相较此前的华南板块开发模式，“亚运城”模式既可避免因发展商主导而造成的配套滞后现象重演，也能使市民尽早体验到“亚运城”的便捷交通，提高市民对该区域的接受程度。

按照相关规划，亚运会之后“亚运城”的相关配套设施即可快速转变为社区内的生活配套设施，届时“亚运城”的住户的日常消费在区内即可基本实现，居住便利性将大大提高。另外，“亚运城”还规划有部分商办类用地，区内将兼容部分商务功能区，卫星城的快速成型对广州市中心密集的人口和繁重的交通均将起到一定的分流作用。

广州市亚运城设施规划安排　　表8-1

设　施	规 划 安 排
商业	运动员村里面的国际区将成为社区的综合商业服务中心，主媒体中心将扩建为主题商城，成为广州新城的综合商业中心；位于媒体村和运动员村之间的欢迎中心将成为以餐饮为主的餐饮娱乐综合商业中心
医疗	医院将成为拥有500张床位的三级甲等综合医院、广州医学院第四附属医院的新址
教育	志愿者居住区将成为广州市示范性中小学，目前广铁一中已经进驻；此外，三大村都设置有会所、幼儿园
体育	亚运城综合体育馆赛后将成为广州新城集体育、商业、公共服务等多功能于一体的建筑综合体

资料来源：广州中原研究部。

8.2 巨型规模　机会风险并存

“亚运城”规划总用地面积约264万m^2，地上总建筑面积为438万m^2。对于如此大规模的项目，广州市政府为了保证开发的整体性而选择整体出让。2009年12月，经过47轮激战，富力、雅居乐、碧桂园组成的民企联合体以255亿元赢得“亚运城”地块，成为国内新的“总价地王”。

项目层面看，若将已建成物业的建筑费用按照4000元/m^2折算，“亚运城”的实际楼面地价仅为

4800元/m²，同当时该片区房价相比属可接受范围。2009年“亚运城”周边的“保利·公馆2010”、“庄士·映蝶蓝湾”两个项目在售产品毛坯均价约为8500元/m²左右。由此，“亚运城”首批产品（精装修）如将均价定在11000元/m²的话，销售应不成问题，发展商仍有一定的利润空间。

任何项目都会存在风险，“亚运城”当然也不例外。首先是前期投入方面的资金压力，地价及建设费用，每家房企的投入的成本在120亿元以上，即便首批约8000套的住宅产品在亚运会前即已全部售出并已顺利回款，每家房企的前期投入也超过百亿元。其次，时间成本方面。该项目的开发周期长达六年，且前期投入巨大，高昂的时间成本必然会压缩利润空间。另外，天量的住宅产品尤其是后期产品的消化速度将会是一大考验。近几年番禺区一手住宅年均供求量多在100~130万m²。按此数据计，“亚运城”单个项目每年近60万m²的供应量（按开发期6年计）约占今后几年番禺区一手住宅供应量的30%~40%。如此大的供应规模即便在华南板块供应量已大幅萎缩的情况下想快速消化也并非易事，而且该项目还将面临内部产品的激烈竞争形势。一旦亚运会之后所开发的产品的销售速度达不到预期的话，势必会影响到项目的后续开发。

8.3 造城效应　番禺市场发展迅猛

在城镇化进程加快、广州城区不断向外扩张的大势下，“亚运城”周边配套设施逐步完善，居住环境不断改善。随着华南板块、市桥板块等片区配套的逐步完善和居住条件的逐步成熟，番禺区域形象得到不断提升。再加上近两年受亚运城及新客运站的规划及开发拉动，沙湾、石楼、石壁等地的市政面貌及居住环境得到有力的改善，包括“亚运城”在内的广州新城以及整个番禺区房地产市场正面临一个极佳的发展机遇。

8.3.1 土地供应放量　地价大幅提升

在经过了2008年的缩减后，番禺的土地供应量在2009年重新放量。除却“亚运城”外，番禺全年合计供应商品住宅用地10幅，总建筑面积约49万m²，较2008年增加4.5倍。地价方面，2009年番禺商品住宅用地的楼面地价飙升至7077元/m²。加上“亚运城”，2009年番禺商品住宅用地的楼面地价高达5071元/m²，同2008年相比上涨了约84%，同2007年相比也上涨了11%。

图8-2　广州市番禺区商品住宅用地成交情况（2007~2009年）

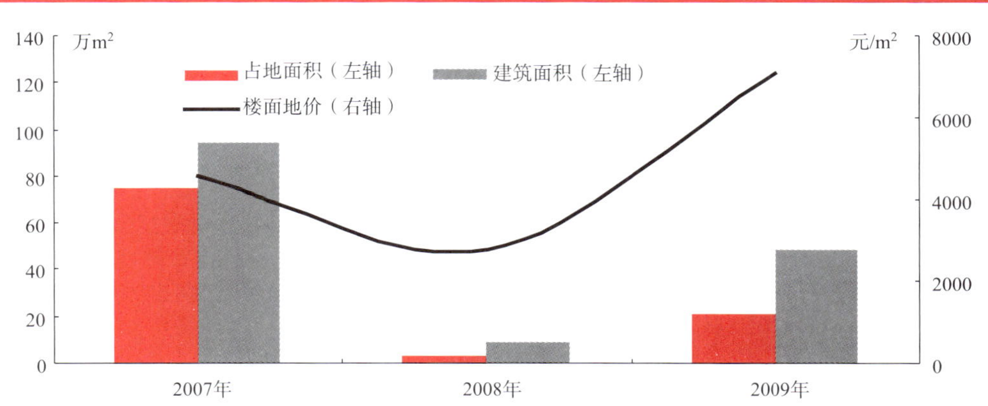

注：2009年番禺区土地供应未计“亚运城”地块。
数据来源：广州中原研究部。

8.3.2 新房市场　量价背离现象渐显

2009年，在房地产市场整体回暖的大势下，番禺楼市也迅速且大幅的反弹，一手住宅虽新增供应规模不大，但库存被大量消化。2009年全年番禺一手住宅共成交近200万m^2，市场再次出现供不应求的局面。而步入2010年，番禺区市场供应量逐渐回升而成交面积则大幅减少。

价格方面，在经历2008全年的回落及2009年一季度的小幅调整后，番禺一手住宅成交均价在2009年二季度开始稳步上涨，全年成交均价高达8068元/m^2。2010年后，番禺区成交均价更是飞速上涨，自1月起全区成交均价稳定在1万元/m^2以上，其中一季度成交均价约12000元/m^2，二季度继续上涨至13000元/m^2，番禺楼价重回高位，也反映出市场对番禺区域价值的认可，当然，亚运城的拉动作用是其中最重要的因素之一。

图8–3　广州市番禺区一手住宅市场情况（2008～2010年上半年）

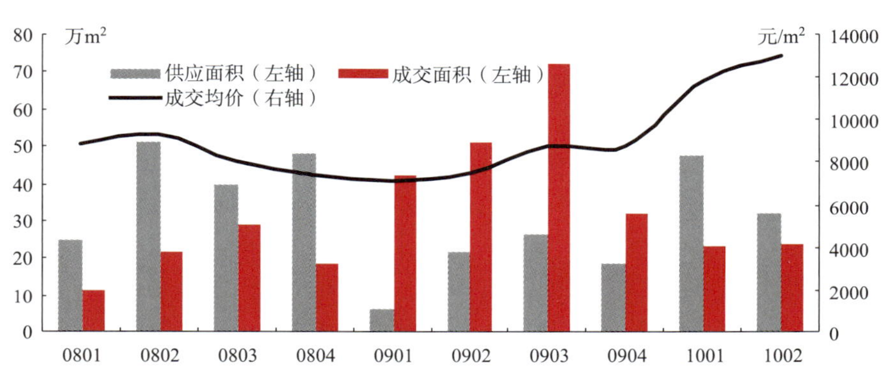

数据来源：广州市国土房管局。

8.3.3 区域形象改善　楼价大幅攀升

2003至2008年期间，受全市房地产市场快速发展及华南板块市场供应的逐步减少的影响，番禺区一手住宅的成交面积持续下滑，占全市的份额也有所下降。2009年，在总体市场回暖及亚运会即将召开等众多利好刺激下，番禺区成交面积占全市的份额回复至20%。步入2010年后，受亚运会停工利空及一系列宏调措施影响，番禺区的成交面积在低位徘徊，2010年上半年全区一手住宅成交面积仅47万m^2，环比减少55%，成交面积占全市场份额也下降至14%。

2004年以来，番禺区楼价持续攀升，一手住宅年度成交均价的同比涨幅大多在20%以上，且升幅明显大过全市整体水平。从番禺一手住宅价格在全市的水平来看，其影响力也逐步加大，并在2008年达到接近0.90的高点。在2009年，即便因区内产品结构变化较大而导致整体价格水平有一定的回落，番禺一手住宅的影响力仍高达0.86，显示出番禺市场在全市的分量极重，早已跳出“郊区”的地域条件的限制。

步入2010年后，番禺区项目均价持续上涨，其中华南板块、沙湾板块、大学城板块等项目的均价多集中在15000～18000元/m^2，亚运板块在售项目的主力价位也上升至7000～8500元/m^2，中高价位产品比例的大幅增加极大地推动了番禺区成交均价的快速上涨，2010年上半年番禺区成交均价约12400元/m^2，超过全市约12000元/m^2的成交均价，区域升值潜力展露无遗。

图8-4　广州市番禺区一手住宅成交情况（2003～2010年上半年）

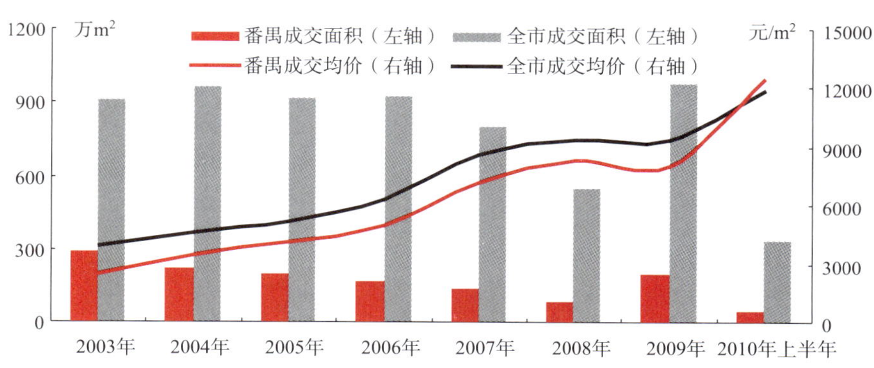

数据来源：广州市国土房管局。

图8-5　广州市番禺区楼价影响力变化（2003～2010年上半年）

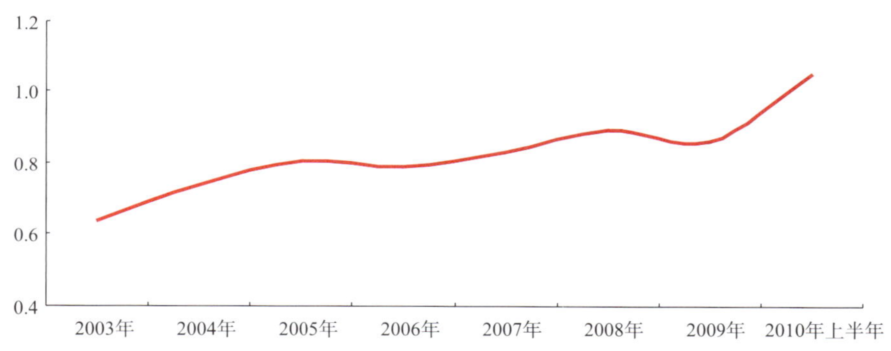

注：番禺区一手楼价影响力＝番禺区一手住宅成交均价/全市一手住宅成交均价。
数据来源：广州中原研究部。

第9章　保障性住房在广州

广州中原研究一部　瞿中奇

在北上广深四大一线城市中，广州楼价水平仅为其他三市的70%左右，广州房地产市场也一贯被认为比较理性。广州市政府对房地产市场的调控，是以防止房价大起大落为主要目标，并通过保障性住房政策及建设得以实现。2010年5月28日，广州市长万庆良表示“作为中国标志性城市，北京、上海、广州、深圳四个城市的房价比较，广州价格最平稳也最低。主要原因是有多层次的保障性住房。”

9.1　保障性住房建设　与时俱进

从20世纪80年代的解困房，到90年代经济适用房，再到2006年限价房与2009年公租房，广州市政府在解决中低收入阶层的住房需求、稳定商品住宅价格方面，不断尝试积极探索，并取得了显著的成果。2006年以来，广州市已经建设了4万套保障性住房，2010年开始还要再建4万套。截至2010年8月，广州有10万套由政府和单位管理的公租房。广州2010年新建公租房数量将在原计划的3000套基础上再增加5000套，全年拟建8000套公租房。

广州市住宅保障体系建设的发展历程（2000～2010年）　　表9-1

阶　段	时　间	发　展　情　况
解困房、安居房	2000年前	广州是全国最早实行经济适用房的城市。开始叫解困房，1995年改称安居房，1999年又改称经济适用房，2004年之后将所有保障性住房项目统称为新社区。中国启动住房体制改革的伊始，1986年，广州市就成立了市解决住房困难办公室，在1992年后陆续建成了“同德花园”、“侨德花园”、“积德花园”、“泽德花园”、“聚德花园”、“棠德花园”共六个解困房、安居房小区，分布于白云、天河、海珠三大市中心区域
经济适用房暂停	2002年	2000年，广州市政府制订了“2000～2003年经济适用住房建设计划”，但计划还未完全落实，由于建造成本的提高导致了经济适用住房的价格上升，与普通商品房的价格不断接近，居民对购买兴趣逐渐减弱，在2002年逐渐停止了经济适用住房的建设
经济适用房重启	2006年	2004年，房地产市场开始复苏，2006年进入快涨通道，2006年初，广州重启经济适用房建设，计划建设新社区住房8859套。2006年10月，《广州市住房建设规划(2006—2010)》出台，廉租房、新社区、部队和单位自建经济适用房等政府保障型住房将占住房供应总量的比重从5%提高到17%。广州城市最低收入家庭将实现“应保尽保”
双限房试点	2006年	2006年，广州先行探索发展限户型、限价格的限价商品住房，采取“双限双竞”方式公开出让限价房用地10宗、用地面积96.8万m^2，建筑面积178万m^2，可供应住宅约1.5万套，是全国落实国家限价房政策最早、出让土地规模最大的城市之一
经济租赁房入市	2008年	2008年7月，广州市首个企业试验经济租赁房项目——万汇楼，首批租客入住。这个项目被定义为城市中低收入人群居住模式探索的样本，最多可容纳1800人居住。不限户籍，只要无房无车、年收入不足3万元的城市中低收入者都可申请入住——这正是各城市住房保障体系中尚未触及的空白地带，万汇楼解决了在广州工作的青年“蚁族”的住房问题
保障性住房建设	2010年	2010年，广州市将建政府保障性住房117.52万m^2，总用地面积345675m^2，用于满足城市低收入群体的住房需求。2010年5月，广州市扩大了廉租住房保障面，将申请家庭的年人均可支配收入从7680元以下提高到9600元以下

资料来源：广州中原研究部。

9.2 稳定商品房价格　效果显著

北上广深四大城市近年新建商品住宅交易价格的走势显示，自2005年全国房价进入快速上升通道以来，广州房价上涨速度较为平稳。从楼价水平来看，广州与其他三城市的差距也在扩大。截止到

2010年上半年，广州房价仅相当于北京的56%，相当于上海的66%，相当于深圳的73%。这其中虽然有各城市定位及楼市特点的不同，但保障性住房所起到的积极作用也是主要原因之一（图9-1）。

2006年，广州市首推限价地，成为全国首个建设限价房的城市。媒体和市民常常把限价房与周边的商品房进行对比，为区域房价树立了价格标杆，区域楼价上升的势头得以遏制，全面铺开限价房建设对全市楼价的稳定也起到了积极作用。

2007年12月，位于新兴区域金沙洲板块的广州首个限价房项目“保利西子湾”建成。金沙洲板块早就被众多开发商热炒，一手普通洋房的价格从2006年底6000元/m^2飙升至2007年国庆节的10000元/m^2以上。限价房“保利西子湾”一经推出，以6500元/m^2的价格立即吸引了超过8000人上网认购，由于其自身具备的轰动能力，开发商无需另外进行广告营销，数以千计的潜在购房者前往“保利西子湾”看楼。2008年2月，“保利西子湾”一次性销售843套单位，许多买家甚至继续等待未来几批限价房的推出。由于金沙洲其他项目的大量潜在客户被“保利西子湾”抢走，销售压力倍增。“中海金沙湾”、“金域蓝湾”随即回落到约7500元/m^2的合理价位，一直坚持不降价的“恒大半岛”也开始优惠，附近的“时代糖果”更打出“不限户籍收入，不需补差价，比限价房更便宜”的宣传口号。

图9-1　四大城市商品住宅价格走势情况（2005～2010年上半年）

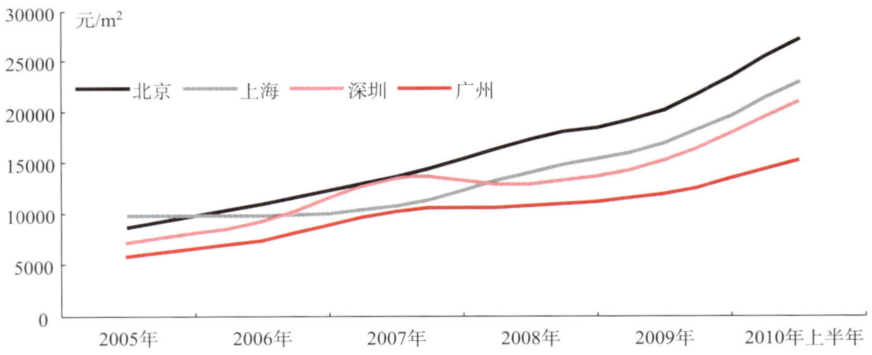

数据来源：各城市房屋管理部门。

9.3 调整发展思路　优化布局

在2008年之前，广州的保障性住房项目大多分布在远郊，或是一些生活配套还未建立的新兴区域，居住条件很不理想。在2006年11月起的一年内，广州市公开出让的限价房用地共有10幅，但其中4幅位于当时生活配套、交通配套基本空白的白云区金沙洲板块；2幅位于工业区萝岗区科学城；2幅位于郊区番禺区和花都区。这些项目虽然价格有吸引力，但因为生活不便、交通成本高，居住氛围不成熟而乏人问津。

广州的首个新社区，也是广州乃至全国规模最大的已建成保障性住房项目——“金沙洲新社区”，包括廉租房、拆迁房和经济适用房，由35栋6层住宅楼、9栋11层住宅楼、20栋18层住宅楼组成，住宅总建筑面积约48.7万m^2。2008年春节前入住之后，买菜难、看病难、上学难、出行难、购物难等问题被媒体披露，引起社会各界的关注。最终促使政府各主管部门联合约见媒体，给出了金沙洲新社区配套建设和使用的最新时间表，令公共配套建设有所加快。

2008年4月，广州市房管局表示，广州市在解决低收入人群住房问题上已调整了思路，一是将在一个大社区里面配建经适房小区，经适房小区里面配建廉租房，既出现避免贫民区，又可直接抑制小区的商品房价格，还可以共享商品房的配套；二是以租金补贴方式解决困难群众住房，以实现让低收入家庭分散居住的目标。

2009年之后，广州市保障性住房的分布趋于合理。2009年计划建设新社区住宅项目16个，建筑面积167.9万m^2，其中有13个选址于市政配套相对成熟的中心城区，分别是荔湾区2个、海珠区2个、天河区3个、白云区5个、黄埔区1个；其余3个项目位于番禺区。2010年新社区住宅建设计划中，总用地面积124万m^2，建筑面积282万m^2。18项目中有15个选址于市政配套相对成熟的中心城区。

广州市新社区住宅建设计划（2010年） 表9-2

序号	地块名称	区域	土地面积（万m^2）	建筑面积（万m^2）	序号	地块名称	区域	土地面积（万m^2）	建筑面积（万m^2）
1	金沙洲项目	白云区	10.90	37.06	10	同德围项目	白云区	14.80	40.00
2	田心村项目	白云区	2.30	5.52	11	南岗项目	黄埔区	8.46	12.08
3	西槎路项目	白云区	1.60	3.84	12	黄埔新溪项目二期	黄埔区	1.00	2.60
4	新市机械厂项目	白云区	1.26	3.02	13	天鹿湖一期项目	萝岗区	1.30	3.00
5	南方钢厂（第一期）项目	白云区	7.86	26.30	14	南沙珠江管理区安置区一期	南沙区	0.70	1.00
6	大沙东项目	黄埔区	15.00	18.30	15	花都工业大道项目	花都区	0.25	0.60
7	亨元项目	黄埔区	4.81	3.40	16	东圃珠村项目	天河区	0.70	1.40
8	庙头项目	黄埔区	1.20	3.80	17	棠东项目	天河区	7.50	18.00
9	龙归项目	白云区	34.60	86.22	18	南湖项目	白云区	10.00	16.00

资料来源：广州中原研究部。

9.4 提升保障房品质　发展创新

2010年，在政府加大房地产市场调控，加大保障性住房建设的背景下，广州的保障性住房不仅有量的提升，品质也更上一层楼。项目选址、配套规划、户型设计等更加切合中低收入家庭的实际需求。

2010年7月7日，广州住房保障办透露，将在年底开建龙归城保障性住房示范区。该项目可建政府保障性住房约117.52万m^2，计划由1.9万套保障性住房组成，可供近5万人居住，是迄今为止广州最大的保障房项目。龙归项目将成为广州市的"五星"级新社区典范。

广州市住房保障计划特点 表9-3

创新点	创新说明
规划建设	住宅类型从单一到多元，实现户型设计的多样性和灵活性；公共交通从分散设置到统筹安排，龙归城将结合轨道交通和道路交通统筹规划公交线路和站点，站点的服务半径不超过400m；配套设施从点状分布到网状覆盖，设计了齐全的配套设施，并设置商业中心和商业小广场；完善的教育配套设施；社区内交通从平面到立体
邻里关系	采取了围合式的空间布局，保证每个组团均有足够多的公共活动空间，大量的室外活动场地在满足居民生活需要的同时，大大增加了居民的相互接触与交流机会
社区服务	将设置独立社区服务中心（含大型多功能礼堂），满足社区集会，交流等需求；设置独立社区卫生服务中心，设立培训室和学习中心等

续表

创新点	创 新 说 明
社区文化	通过开设图书馆、布置人文景观画廊、举办各种文体活动等方式，为社区注入文化内涵
管理观念	采取小区自治、盈利性组织以及非盈利性组织管理相结合的管理模式，采用现代物管与智能化（如高空掷物监测系统、人面识别系统等）相结合的管理手段，全面提升新社区的管理水平

资料来源：广州中原研究部。

广州的保障性住房，开发模式不断创新，总体设计理念更加以人为本，将真正成为广大中低收入家庭的安乐之居。这不仅有利于逐渐实现“居者有其所”，而且间接改善了商品房市场的供求关系，更有利于稳定商品房的市场价格，从而促进房地产市场健康稳定的发展。

第10章　2010年　广州土地出让有新意

广州中原研究二部　胡广东

2010年3月，国土资源部发布通知，要求各地在今年住房和保障性住房用地供应计划没有编制公布前不得出让住宅用地。约一个半月后，广州市国土房管局公布了广州市2010年经营性用地出让计划。根据相关计划，2010年广州市辖十区商品住宅用地供应规模约5km^2；其中，中心六区商品住宅用地供应将超过2km^2，其中通过“三旧”改造中心城区商品住宅用地约0.8km^2。此外，广州市今年还要供应1.24km^{2}的保障性住房用地。从广州市国土房管局所公布的相关土地出让计划来看，同以往相比，广州市的土地供应在供应规模、供应结构以及出让方式等方面均有明显的变化。

10.1　计划明晰　制度创新

2010年广州土地出让计划中不仅公布了年度出让总量，而且更是打破惯例将每一幅计划出让地块的位置、面积等信息均公诸于众，此举措也走在国内其他大中城市的先列。而在土地出让方式上，2010年广州政府也开始尝试创新，试点土地预申请制度。

10.1.1　首度公开供地计划明细

公布当年土地供应计划明细的做法无疑是广州土地出让史上的重大变革。从目的看，则主要是为了抑制长期以来由于信息不对称所带来的市场盲目购买现象，平稳市场预期，防止2009年地王频出的现象再度重演，最终达到抑制房价过快上涨的目的。另外，本次政府在公布正式出让计划外，还预安排了部分商品住宅用地，一方面延续了广州市近几年计划通过增加土地供应来抑制房价过快上涨的工作思路，另一方面加强了政府对地块出让灵活程度的控制。

10.1.2　预申请制度与招拍挂并行

2010年，广州土地出让方式在原有招拍挂基础上，试运行用地预申请制度（“勾地”制度），即开发商可以在房管局公布的土地计划中申请“勾地”，并报出拟拿地的地价，按所报出地价的1%交保证金（最高不超过1000万元），如果不按承诺买地将没收保证金，且一年内不得再申请“勾地”。

广州所试行的“勾地”制度与香港所实行的勾地制度比较相似，但又有所不同。当年，香港政府为了使房地产市场从金融危机后恢复元气而推行了勾地制度，而如今广州则是在楼市经过了2009年的大涨及2010年上半年中央政府对楼市的调控收紧后试实施“勾地”制度。从具体的措施来看，广州的“勾地”制度是在香港模式上的改良，实施起来更灵活，有助于政府部门更好地实现稳定土地市场的调控目的。

广州市发布供地计划明细及试行“勾地”制度的做法，对发展商而言，信息透明度的提高使得其能更合理的安排购地计划（预安排的地块也可提出购买申请），在参与竞买时更具针对性也会更加理性。对相关政府部门而言，可以更清楚地了解房企的购地意向，更合理地安排土地供应的节奏，保障所供应的土地能顺利成交，以促进土地市场稳定发展并对住宅市场形成有效供应。

广州与香港勾地制度比较　　表10-1

	香　港	广　州
背景	1997年金融危机以及之后的“八万五”计划引起香港地价大幅下降，房企购地意愿不高	2009年楼市大涨、2010年上半年宏调措施转为从紧、2010年又有亚运会召开
方式	在停止定期卖地后，土地供应目前仅有勾地一种方式	招拍挂与“勾地”制度并行
保证金	相当于申请价的5.0%	相当于申请价的1.0%，最高为1000万元人民币

资料来源：广州中原研究部。

10.2 加大供应　突出保障

2010年广州市土地出让工作主要侧重在两个方面：一是通过加大商品住宅用地供应规模、优化供应地块布局和结构来缓解当前市场对后市供应紧缺的预期，引导地价、房价平稳健康发展；二是加大保障性住房的建设力度，尽快解决部分低收入群体的住房问题。根据2010年广州土地供应计划，广州今年的土地供应较往年大幅增加，尤其中心区供地规模大增。而另一方面，广州市国土部门也在以往的基础上加大了对保障性住房建设的投入。

10.2.1 中心六区比例大幅上升

在广州市国土局公布的2010年居住用地供应计划中，中心六区宅地的计划供应面积约230万m^2，与2009年约58.47万m^2的实际供应量相比几乎翻了四番；中心六区的计划供应面积约占全市供应计划总量的34%，这一份额与2009年相比增长了近19个百分点。这一举措，既是为了缓解中心城区近几年供应量明显逐步下降及由于供需失衡所带来的房价上涨过快、涨幅过高的局面，同时也是城市发展规划“中调”策略的一个重要体现。

从地块规模看，在2010年度广州市居住用地供应计划表中，占地面积在10万m^2以上的地块的总规模合计约占全市计划供应总量的九成，其中天河、白云两个中心城区更是出现了近年罕见的用地面积超过50万m^2的超大体量地块。

图10-1　广州市土地供应结构（2006～2010年）

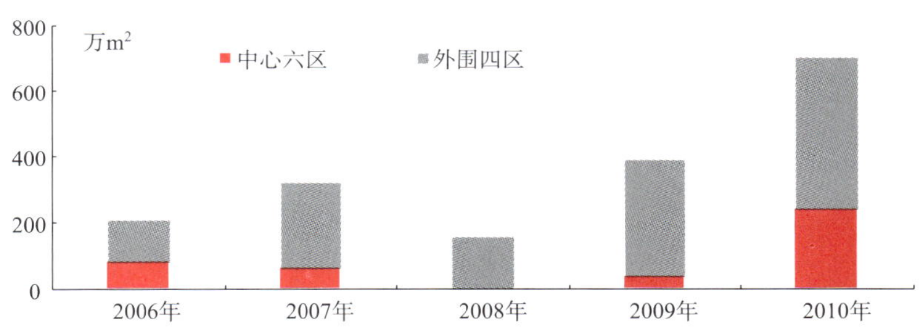

注：供应量按土地面积统计，2010年按计划供应地块明细统计。
数据来源：广州中原研究部。

广州市保障性住宅建设计划汇总（2010年）　　表10-2

区　域	地块数	用地面积（万m^2）	总建筑面积（万m^2）	占全市总建比例
天河	2	8.20	19.40	6.9%
白云	8	83.32	217.96	77.3%
黄埔	5	30.47	40.18	14.2%
中心六区	15	121.99	277.54	98.3%
花都	1	0.25	0.60	0.2%
南沙	1	0.70	1.00	0.4%
萝岗	1	1.30	3.00	1.1%
全市	18	124.24	282.14	100.0%

数据来源：广州市国土房管局。

10.2.2 保障性用地供应量明显加大

从《广州市住房建设规划（2010-2012）》来看，2010年广州全市计划新开工建设18个保障性住房项目，总用地面积高达1.24km²，总建筑面积达280余万m²。从分布来看，约98.0%的保障性住房用地位于中心城区，其中白云区所占比例接近80.0%。此外，在保障性住房的土地供应模式上，今年也所转变。2010年的新社区用地出让计划中除政府储备用地外，还纳入了部分企业自用土地，极大增加了可开发用地的来源。

10.3 土地供应放量 难阻地王再现

根据广州市国土局发布的年度土地供应计划，2010年广州商品住宅用地供应将达到500万m²，较2009年约390万m²的土地供应量增加约28.0%，此计划供应量也创下近年广州市商品住宅用地供应量的新高。2010年土地供应规模（计划）的大幅增加延续了广州市近几年的政策方向。土地供应量的增加有助于缓解之前楼市供不应求的局面，从而有益于实现稳定楼价的调控目标。

图10-2 广州市商品住宅用地供应情况（2006～2010年）

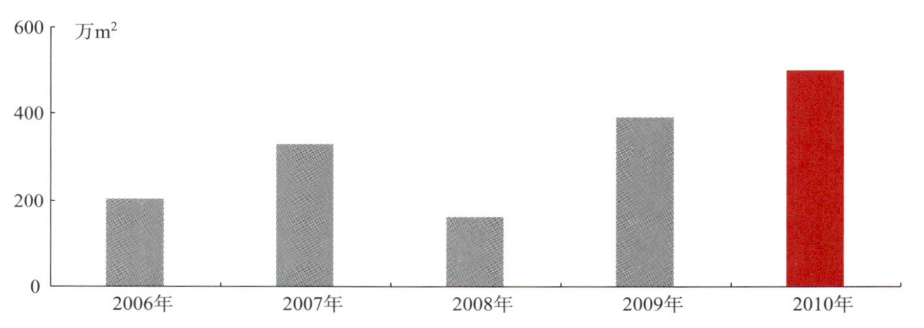

注：供应量按土地面积统计，2010年按计划供应地块明细统计。
数据来源：广州中原研究部。

普通商品住宅用地供应量的加大将会一定程度的缓解商品住宅供不应求的局面，尤其有助于平抑市场对中心城区新房房价大幅上涨的心理预期，有益于促进土地市场及住宅市场的稳定发展。不过，从当前广州市各区域的土地开发情况来看，中心城区的可开发用地已越来越少，除却部分城中村外，中心城区的可开发用地多位于白云区的北部、海珠区的东部、天河区的东部及北部等市郊一带；番禺南部的沙湾一带、东部的萝岗区、北部花都区的107国道沿线附近及狮岭、山前大道一带将会是接下来几年内广州土地供应的几个较为集中的区域。

随着城市不断扩张尤其是近期以来配套先行发展模式的推行，各片区的环境得以有较大程度的提升及改善，土地价格也必将上涨，发展商对于优质地块的追逐不会因此而停止，地王再次出现的情况难以避免。

第11章 新兴商圈对广州南北商业格局的冲击

广州中原工商铺市场及研究部 刘广浩

2001年，广州市政府通过了《广州城市建设总体战略概念规划纲要》。纲要提出了将广州建设成为适宜创业发展又适宜生活居住的国际性区域中心城市和山水型生态城市的目标，以及“南拓、北优、东进、西联”的空间发展战略，广州城市规划从此发生了翻天覆地的变化，逐渐形成了一南一北两大新商圈的强势崛起的势头。随着众多国际高端品牌的不断涌现，羊城的传统百货行业备受冲击，过往以中低消费产品为主导的局面正被逐步打破，广州的商业格局正面临一场前所未有的变革。

11.1 南部：番禺区商业格局的变迁

11.1.1 传统商圈的蜕变——市桥商圈、华南板块

一直以来，番禺区商业气氛较浓的地方仅局限在市桥的大北路、繁华路、桥东路、富华路、光明路等五个路段，由此支撑起整个以服饰、餐饮、精品、珠宝等零售业为主的市桥商圈。为迎接2010年亚运会，番禺的传统商圈加快了区内商业档次的提升，陆续出现不少的高档购物广场，如市桥南区西丽路总建筑面积约24万m^2的“奥园广场”已开始招商，而繁华路一带已计划建设一个总建筑面积约20万m^2的“兴发商务中心”，“番禺广场”附近“罗家购物商场”将引进国际知名品牌和连锁超市，建成后将成为全市顶级的购物中心之一。众多商业项目的出现不仅提升了市桥商圈的档次，也为区内的消费群体带来高档的消费场所。

此外，华南板块作为目前番禺大型楼盘最集中的地方，常住高端消费人群达30万以上，消费潜力巨大。位于该板块内的番禺区迎宾大道“万博—长隆”片区除拥有“万博中心商业街”外，2009年全球零售业巨头沃尔玛山姆店已经捷足先登，强势进驻。同时，长隆集团与广州友谊合作，将在汉溪大道建立约5万m^2的“长隆友谊购物公园”，这个旅游业与商业的共同体预计2011年年初建成营业。另外，由广东本土商业巨头海印集团投资15亿元的“海印又一城”将于2012年投入使用，有望成为番禺区第一个大型休闲购物娱乐中心。

番禺市桥商圈部分商业项目情况 表11-1

项目名称	项目地址	项目规模	项目定位	租金（元/m^2/月）	售价（元/m^2）	项目进度
奥园广场	番禺市桥南区西丽路	占地面积9万m^2，建筑面积超过24万m^2	南广州高端商业项目，由大型购物中心、商业街及酒店式商务公寓组成，集购物、餐饮、文化、娱乐、休闲、康体、办公及商务一体	—	公寓：1.5万 商业街：3万	公寓10月开售，商铺9月底开售
哈街	番禺桥南路	占地约3.8万m^2，商业规模面积约5万m^2，商业街长约700m	集购物、美食、娱乐、休闲、办公、商务、旅游、运动八大功能于一体	首层：130~140 二层：200	—	现招租首层

资料来源：广州中原工商铺部。

11.1.2 新兴商圈的崛起——南站新城、亚运城

南站新城及亚运城是目前番禺最大的新兴商圈。2010年1月30日，广州南站正式建成并启用，作为中国四大客运枢纽之一，南站日均人流量达到20万，预计到2020年客运发送量将达到8014万人次，

华南板块部分商业项目情况　　表 11–2

项目名称	项目地址	项目规模	项目定位	租金（元/m²/月）	售价（元/m²）	项目进度
海印又一城	番禺迎宾路	占地面积约10万m²，总建筑面积20多万m²	项目引入各种室内运动和娱乐项目，把整个商业组团打造成迎宾路边的一个集消闲、购物、娱乐和餐饮为一体的大型商业中心	—	只租不售	临建商铺
万博中心	番禺迎宾路	占地面积：20万m²；建筑面积：18万m²	集购物、娱乐、休闲、餐饮等功能为一体的大型综合商业中心，是南中国第一家欧式购物中心。一期主营家具、家居用品、建材、饮食等	250~400	只租不售	已租

资料来源：广州中原工商铺部。

巨大的人流量吸引着无数的商家纷纷顺势进驻南站。此外，亚运城规划人口达100万人，采用规划先行、基建先行、配套先行的开发模式，为该片区带来了无限的商机。南站新城与“亚运城”的出现，既符合了番禺打造成以珠三角“一小时黄金都市圈”的规划要求，也为番禺各大新商圈的崛起打下了坚实的基础。

■ 南站新城

根据最新规划显示，广州南站的辐射能力将对周边300多km²范围产生影响。南站的定位已经从交通枢纽升级为发展潜力无限的新城区：以生态为主题的商贸聚集区，规划面积约310.8km²，其覆盖范围包括广州境内四个区域，合计面积167.5km²，及佛山境内四个区域，合计面积143.3km²。南站新城从空间结构上又可以分为三个发展圈层，分别为第一圈层——服务珠三角面向华南的综合交通枢纽；第二圈层——具有岭南山水特色的生态型宜居新城；第三圈层——综合性的旅游休闲和商贸物流基地。

火车站核心区定位为商务区，周边商业规划的几大批发市场都纷纷开业、招商或建设。2010年2月份，距南站约10km，占地约20万m²的“五湖四海国际水产交易中心”率先开业；距南站1千米的“美嘉国际服饰城”前身是一个沉寂了多年的大型装饰材料城，今年5月份该占地40万m²的大型服饰城再次展开大规模的对外招商；由广百集团发起的“广州国际展贸城”已经投入建设，该项目总建筑面积576万m²，总投资达145亿元，建成后将成为全球最大的产品进出口贸易、展示和研发中心。在政府引导优先发展商贸业的契机下，写字楼、酒店、专业市场和相关商业配套等都会应运而生。

南站新城部分商业项目情况　　表 11–3

项目名称	项目地址	项目规模	项目定位	租金（元/m²/月）	售价（元/m²）	项目进度
五湖四海国际水产交易中心	番禺区洛溪	占地面积约20万m²，总建筑面积约15万m²	国际水产交易中心，水产发展研究基地，水产展览、展示中心，休闲渔业发展中心。集水产、海味、冻品、展贸馆和美食城五大板块为一体	一层：148，二层、三层：50	只租不售	已租
美嘉国际服饰城	番禺区钟村	占地面积40万m²，建筑面积35万m²	第五代国际服装商贸综合体，建造一座具有国际标准的集企业集群采购、商品展示、电子商务、现代物流于一体的，以专业市场为基础的产业综合性服务平台	145	只租不售	已租

续表

项目名称	项目地址	项目规模	项目定位	租金（元/m²/月）	售价（元/m²）	项目进度
广州国际展贸城	番禺区化龙镇	占地面积4800亩，建筑面积约576万m²	集各大产业的专业市场于一体，以大型商贸展览、物流仓储（保税）、金融信息、商务酒店、生活配套为五大主体功能区，同时配建有美食娱乐、社区服务、客运中心设施的超大复合型专业市场	—	只租不售	未招商

资料来源：广州中原工商铺部。

■“亚运城”

从北京亚运会、广州六运会和北京奥运会等体育盛事对城市发展、经济腾飞带来的变化来看，每一次大型的体育盛事都会产生巨大的商机，特别是对商业的发展更是蕴藏着巨大的契机。番禺“亚运城”规划人口达到100万人，总建筑面积438万m²，其中商业建筑面积为21m²。亚运会结束后，“亚运城”将改造为集居住、餐饮、购物、医疗、教育等大型的高品质生活区，如媒体村的媒体建筑中心将改造为四层高的综合商业中心，运动员村的局部地块亦将改造为功能型商业街。另外，综合体育馆部分也将改造成集体育、公共服务、商业等功能于一体的综合体。在巨大的消费力支撑下，亚运城商圈的成长指日可待。

11.2 北部：白云区商业格局的变迁

11.2.1 传统商圈的蜕变——专业市场兴起

早期白云区的商业比较零散，多以社区商铺的形式存在，由此形成了经营档次低、配套设施落后等特点，直至2004年“百信广场”开业才正式告别该区无大型购物中心的历史。白云区作为目前广州市中心六区中面积最大、人口最多的区域，近年的商业取向以经营专业市场为主，并以其规模庞大、辐射力强、数量众多而著称，如“梓元岗鞋业城”、“皮具城”、“三元里服装批发市场”等。随着商业气氛的逐渐浓郁以及人流的稳步增加，白云区在2008、2009两年间分别有多家如摩登百货、家润广场、太阳城广场、乐购、广百、吉之岛等购物中心相继开业，进一步把区内的商业热度从白云山的西侧扩散到东边。

11.2.2 新兴商圈的崛起——白云新城

广州市经贸委将白云新城列为现代服务业重点功能区核心商圈之一，直接为白云区的商业带来新的气象。白云新城占地面积高达12.8km²，拥有两大核心项目“白云万达广场”与“五号停机坪”。其中“万达广场”引进数十个高端商业品牌，将打造成一个集休闲、娱乐、文化、餐饮、零售及服务等功能于一身的大型商业综合体。此外，位于同一区域的“五号停机坪”项目则斥资4.5亿，计划引进40多个国际奢侈品牌，把旧白云机场的候机楼打造成11万m²的广州市地标式商业项目。两个项目共同把白云新城打造成主题鲜明的“商业航母”，名符其实地成为推动白云区整体商业发展的双引擎。因此，白云新城商圈的发展潜力将让人刮目相看。

■“白云万达广场”

广州“白云万达广场”由国内最具商业地产运作经验之一的万达集团承造、经营，对白云区的商业氛围具有极大的烘托作用。“万达广场”位于白云新城的中心，外部交通十分便利，项目总建筑面积为39.2万m²，总投资50亿，计划于2010年12月开业。其中包括大型商业中心万千百货、国际电影城、商业步行街、希尔顿酒店、超5A级商务办公楼等。万千百货引入数十个国际国内一线品牌，联同堪称亚洲最大的IMAX国际电影城成为集休闲、娱乐、餐饮、文化、商业零售及服务等功能于一身的现代家庭休闲购物新模式。由此可知，作为华南地区最具规模的大型多功能城市综合体，“白云万达广场”的诞生不但能推动广州北部的商业气氛，而且将会激发广州的消费新概念。

■ “五号停机坪”

“五号停机坪”位于原广州白云国际机场的候机楼，总用地约11万m^2，是全球首个航空主题的购物广场，着力打造成广州市地标式商业项目和白云区的商业旗舰。“五号停机坪”主要吸引高端消费群体，定位为中高端品位、家庭式消费及观光旅游提供特色服务。“五号停机坪”的出现将提升广州城市的新形象及白云新城的商业地位。

白云新城部分商业项目情况　　表11–4

项目名称	项目地址	项目规模	项目定位	租金（元/m^2/月）	售价（元/m^2）	项目进度
百信广场	机场路	总建筑面积约43400m^2，共4层	白云商圈区域购物中心	250~400	8万	已租
嘉裕太阳城广场	广州大道北	总建筑面积7万m^2	传统商圈中规模最大、档次最高的综合性多业态体验式购物中心	250	只租不售	已租
万城四季广场	机场路	建筑面积9万m^2	购物中心	400~800	10万	招商中
万达广场	东至云城东路，西至云城西路，南至横五路，北至白云路	总建筑面积为39.2万m^2	集商业中心、五星级酒店、商务酒店、室外步行街、甲级写字楼等业态为一体的广场	—	公寓：2万；商铺：5万；写字楼：2.5万	招商中
五号停机坪	原白云国际机场航站楼	总用地约11万m^2，建筑面积9.2万m^2，	全球首个航空主题购物广场，打造广州市地标式商业项目，及白云区商业旗舰，集国际精品名品、时尚品牌旗舰、国际特色餐饮、特色主题休闲娱乐、观光旅游于一体	350~700	只租不售	招商中

资料来源：广州中原工商铺部。

11.3 南北商业格局重组的意义

南北两大新兴商圈的崛起，必然分薄了其他商圈的人流量，同时，对广州整个商业格局有着重大而深远的影响。如北京路商圈、上下九商圈和天河商圈等无论从经营模式还是业态上都存在很多的共同的特点，像品牌重复性大、整体性不强、经营模式守旧、以本土商品为主导，缺乏国际高端品牌等弊端，新兴商圈的崛起将重新改写广州现有商业格局，改变现有的经营模式，丰富现有业态等。

在经营模式方面，“南站新城”采用了把生态与商贸相结合的经营模式、“五号停机坪”则运用了航空的概念，创造了国内首个以航空为主题的消费场所、“白云万达广场”亦将商业与文化相结合打造成现代家庭休闲购物的新模式。业态方面，如“五号停机坪”的儿童主题商场、“万达广场”的国际电影城、室内外步行街、五星级酒店、百货、购物中心等都是集休闲、娱乐、餐饮、文化、商业零售及服务等功能于一身消费场所，与传统商圈单一的经营模式、欠丰富的业态相比，新兴商圈的发展潜力可想而知。

自从南站通车以来，南站周边的物业都在不断的升值。尽管“南站新城”具体的规划方案还没有出台，但石韦路上一间10平方米左右的商铺，过去租金只要500元/月，现在已经升到1300元/月，租金翻了2.6倍。在亚运经济的推动下，亚运会主干道清河路沿线的楼盘也都纷纷吹起了涨价风，如清河路的大型住宅楼盘“尚东尚筑”一期售价为8500～11000元/m^2，均为毛坯房，已于2009年售罄，现推二期公寓均价已达到13000元/m^2。而白云新城白云区的“百信广场”，去年租金为100～250元/m^2·月，售价为2～4万元/m^2，而现在租金为250～400元/m^2·月，售价为8万元/m^2。可见该两大区域的崛起对圈内租金水平的拉升起着重要的推动作用。

“南站新城”、“亚运城”与“万达广场”、“五号停机坪”的强势崛起，彻底地改写了广州南北原有的商业格局并将其定位到一个全新的高度。过往的经验告诉我们，每一次重大的商业扩张都会使广州的商业格局产生巨变。随着南、北两区新、旧商圈的彼此撞击、联动，广州老城区以外周边的商业气氛将被更好地调动起来，使不同层次的市场、行业重新找到新的经营定位，进而填补各区的商业市场空白，对巩固广州的千年商都地位、提升广州整体的商业氛围有着深远的战略意义。

Photo by: Hu wenkit 胡文杰 (www.pdoing.com)

Data
数据

广 州 | GUANGZHOU

地产数据

第12章　地产数据

12.1 房地产投资环境

广州市历年房地产市场主要指标表（2009～2010年上半年）　　表12-1

指　标	2009年	2010年上半年
GDP（亿元）	9112.76	4886.01
GDP增长率（%）	11.50	13.60
固定资产投资额（亿元）	2659.85	1290.16
房地产投资额(亿元)	817.34	353.68
住宅投资额(亿元)	502.24	212.61
写字楼投资额(亿元)	74.05	29.61
商铺投资额(亿元)	112.12	51.14
商品房施工面积(万m^2)	5505.56	5658.41
住宅施工面积(万m^2)	3420.09	3461.16
写字楼施工面积(万m^2)	467.16	495.88
商铺施工面积(万m^2)	756.49	781.09
商品房新开工面积(万m^2)	1073.79	1154.00
住宅新开工面积(万m^2)	682.55	791.10
写字楼新开工面积(万m^2)	90.52	60.32
商铺新开工面积(万m^2)	95.33	108.52
商品房竣工面积(万m^2)	961.24	326.09
住宅竣工面积(万m^2)	715.68	229.55
写字楼竣工面积(万m^2)	44.68	12.00
商铺竣工面积(万m^2)	86.26	51.36
商品房销售额(亿元)	1286.15	549.94
住宅销售额(亿元)	1126.80	427.02
写字楼销售额(亿元)	71.27	45.73
商铺销售额(亿元)	72.09	55.92
商品房销售面积(万m^2)	1375.42	506.36
住宅销售面积(万m^2)	1253.60	422.32
写字楼销售面积(万m^2)	47.26	31.75
商铺销售面积(万m^2)	53.82	33.16

数据来源：广州市统计局。

广州市主要房地产政策一览表（2009～2010年） 表12-2

政策名称	颁布日期	实施日期	发布单位	对房地产市场的影响
《广州闲置土地处理办法》	2010-02-04	2010-03-01	广州国土局	加强土地监管力度。闲置费用征收标准提高近40%，对开发商有一定阻吓作用
《关于加快住房和土地供应，加强住房管理，稳定住房价格若干问题的意见》（“穗7条”）	2010-03-25	—	广州国土局	保障性住房及中小户型商品住宅供应量的加大有利于缓解部分市民的购房压力，有助于减缓房价快速上涨的压力；土地市场信息的进一步公开有助于土地市场平稳、健康发展；“勾地”制度的推行是一创新，其在保障政府供应的土地可以顺利成交的同时并不会对近期的高地价产生本质性的影响；“地毯式”清查闲置地；实行“阳光用地”工程，全方位、全过程公开土地供应和监管信息
《关于调整我市国有建设用地使用权出让计收标准的通知》	2010-05-14	2010-07-01	广州国土局	填补政策上的漏洞与空白，打击改规划行为，减少违规用地，推动“旧城改造”
《国务院关于坚决遏制部分城市房价过快上涨的通知》“穗24条”	2010-05-18	—	广州国土局	同北京的细则相比，广州的细则相对温和，且新意不大。无新政策刺激的情况下，开发商主动降价的意愿不明显，不少买家仍会继续观望
十五条措施保楼市（粤15条）	2009-03-03	—	广东省政府	对购房者而言有直接关系的措施虽有多条，但大部分是旧词重提。从实际情况看，购房者能够享受到的实惠同之前相比相差不大，对楼市刺激成效有限
六措施稳定楼价	2009-06-12	—	广州国土局	珠江新城住宅新地王诞生后政府部门立即发布稳价措施，通过对土地供应调控与监管，希望开发商及购房者对市场仍需审慎，不要麻木追涨杀跌

资料来源：广州中原研究部。

12.2 土地市场

广州市历年土地出让主要指标表（2009～2010年上半年） 表12-3

时　间	土地公告情况			土地成交情况			
	宗数	占地面积（万m^2）	建筑面积（万m^2）	宗数	占地面积（万m^2）	建筑面积（万m^2）	土地出让金额（亿元）
2009年	127	544	1289	112	500	1220	463
2010年下半年	55	308	381	49	269	288	42

数据来源：中原集团研究中心。

图 12-1 广州市最值得关注的12大地块区位分布图（2009～2010年上半年）

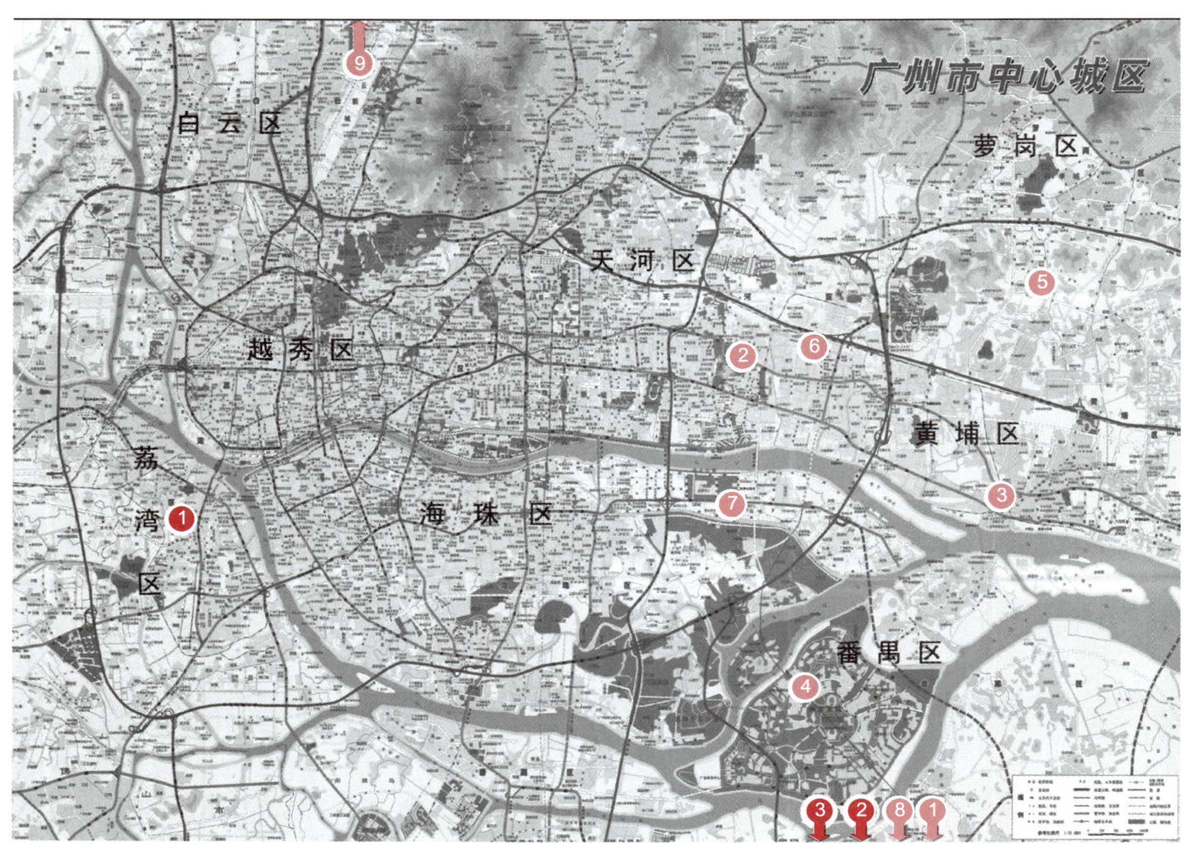

2009年				2010年上半年			
	地块名称	关注点	关注信息		地块名称	关注点	关注信息
1	番禺亚运城	总价最高、规模最大地块	总价：255亿元 土地面积：54.55万m²	1	荔湾区旧龙溪路高尔夫球场A、B地块	央企首次进穗买地	2幅地块由中国铁建集团夺得
2	天河区珠江新城 D8-C3地块	单价最高、竞争者最多地块	楼面地价：15324元/m²	2	番禺区中心南区地块4-2	地王退地重推地块	由于规划问题，该番禺退地地王于2009年底被收回
3	黄埔大沙镇广深公路北横沙村东地段	溢价率最高地块	溢价率：154%	3	番禺区中心南区地块5-3		
4	番禺大学城	区域地块垄断	区域：广州大学城				
5	KXC-F 8-1-1科学城	竞价回合最多	竞价次数：101轮				
6	天河车陂路地段（广氮储备居住用地）	中心城区规模最大地块	区域：天河区 土地面积：6.98万m²				

续表

	2009年			2010年上半年			
	地块名称	关注点	关注信息		地块名称	关注点	关注信息
7	海珠区琶洲村	条件最苛刻地块	公告要求：竞买人一级开发资质，2007、2008年总资产均达90亿元人民币以上，具有成功开发建筑面积10万m^2以上大型综合项目的经验。在广州海珠区拥有建筑面积5万m^2以上的自有办公、商业物业，确保拆迁安置周转				
8	花都区107国道D地块	限价地退地重推地块	两幅地块均是由原来的限价地转为普通商品房用地重新推出市场				
9	番禺中心城区南区4-3地块						

广州市最值得关注的9大成交地块（2009年） 表12-4

总价最高、规模最大地块						
开发商	地块名称及位置	土地面积（万m^2）	用地性质	成交总价（亿元）	楼面地价（元/m^2）	溢价率（%）
富力/雅居乐/碧桂园/世茂/中信	番禺亚运城	54.55	住宅	255	4848	55
地块点评	地块位于广州市东北部，是规划中广州新城的启动区，其规模大、配套多、功能全，是一座示范性小区，极大改善区域环境，使整个区域功能、形象得到提升。本次出让地块面积超过广州全市一年250万m^2的推地计划，在亚运会后可向市场提供约8000套住宅。目前邻近亚运板块项目主要货量有“保利公馆”2010项目毛坯均价8500元/m^2；“映蝶蓝湾”带装修均价7500元/m^2					
单价最高、竞争者最多地块						
开发商	地块名称及位置	土地面积（万m^2）	用地性质	成交总价（亿元）	楼面地价（元/m^2）	溢价率（%）
广州市城市建设开发有限公司	天河区珠江新城D8-C3地块	0.64	住宅	3.45	15324	154
地块点评	地块位于珠江新城海业路，邻近地铁3号线与5号线交汇点珠江新城站，虽然位置与地段较好，但由于地块面积小，有容积率限制，且被北面的天河区实验小学与君怡大厦夹在中间，施展空间不大。该地块曾由奥泰实业公司在1998年以2841元/m^2的楼面地价竞得，后因欠缴地价款而被政府收回重推，地块在挂牌阶段就已吸引了17家发展商报价，进入拍卖阶段，仍有16家发展商参与竞价，其中包括保利、合景、万科等知名企业。经过50轮竞价，最后由城建以总价3.45亿、折楼面地价15324元/m^2竞得。其楼面地价也创下珠江新城地价的新高，仅次于2007年9月份富力以18729元/m^2竞得的白云区云祥路地王。该地块是珠江新城相隔4年再推的最后一幅住宅用地，地块周边二手住宅房价22000~28000元/m^2					
溢价率最高地块						
开发商	地块名称及位置	土地面积（万m^2）	用地性质	成交总价（亿元）	楼面地价（元/m^2）	溢价率（%）
广州恒翔房地产开发有限公司	黄埔区大沙镇广深公路北横沙村东侧地段	11.33	住宅	2.39	2333	154
地块点评	地块地处黄埔区中心位置，是泰景花园二、三期用地，已建有中、小学各一所及社区活动中心等公建配套，但目前该区域交通相对不便，且受石化厂对环境的影响。卖地当日吸引了新城市、恒翔等四家发展商竞争，经过44轮竞价后，被恒翔房地产以总价2.39亿竞得，折合楼面地价2333元/m^2。恒翔房地产以低成本价格拿到该地块，利润可观，而区域内可售货量不多，“黄埔花园”均价8600元/m^2，后期将可弥补区域供应问题					

续表

区域地块垄断王						
开发商	地块名称及位置	土地面积（万m^2）	用地性质	成交总价（亿元）	楼面地价（元/m^2）	溢价率（%）
广州市城市建设开发有限公司	番禺大学城	11.28	住宅	29.67	8384	114
地块点评	地块位于广州大学城内，区域内有10所高校，人文氛围浓厚，且商业配套完善，地铁4号线及多条公交路线可到达大学城。规划建有广州大道南直通大学城行车隧道，方便连接海珠区及亚运城主干道。5幅商品住宅用地则吸引了13家企业报价，包括保利、珠江实业等上市公司，最终由城建以超过9000元/m^2的平均楼面地价包揽全部5幅地块，其中DS1202地块更以9503元/m^2的楼面地价刷新了番禺区地王纪录。算上在7月、9月取得的4幅住宅用地，城建在大学城已有9幅商品住宅用地的储备，总建筑面积达35万m^2。2007年至2009年期间大学城共出让商品住宅用地12幅，其中城建占9幅之多，在大学城内占了主导地位					

竞价回合最多地块						
开发商	地块名称及位置	土地面积（万m^2）	用地性质	成交总价（亿元）	楼面地价（元/m^2）	溢价率（%）
雅居乐集团	KXC-F 8-1-1科学城	30.68	住宅	43.41	7074	152
地块点评	地块位置优越，连接大观路与广汕路，交通网络发展，广深铁路、广深、广汕环城高速汇集于此。学科城是萝岗区中心区域，是广州"东进"的战略支撑点。地块为前地王被收回后重新分拆推出的一部分，吸引了万科、碧桂园、保利等大品牌发展商参与竞价，最终被雅居乐以43.41亿竞得，溢价达152%，其7074元/m^2的楼面地价也创下萝岗区地价的新高，且本次历经101轮、长达5小时的竞价过程也创造了广州土地市场的新纪录。目前萝岗区内缺乏新增供应，保利、万科所开发项目基本售罄。雅居乐首进萝岗开发项目，且以开发大型项目为主，将必定为该区域带来大量供应					

中心城区规模最大地块						
开发商	地块名称及位置	土地面积（万m^2）	用地性质	成交总价（亿元）	楼面地价（元/m^2）	溢价率（%）
中国石化集团洛阳石油化工工程公司	天河区车陂路地段（广氮储备居住用地AT06070509、AT06070511地块）	6.98	住宅	5.39	3353	0
地块点评	地块是广氮地块区域首推的住宅用地，整个广氮区域住宅用地面积约250万m^2。地块出让条件中限定竞买者必须拥有石油化工国家综合甲级设计资质的高新技术企业、企业总部须设在或者落户广州、所建房屋不能预售、竞得者须负责土壤改造。这些条件限制，无疑是为了吸引知名企业南下落户广州。目前天河车陂一手住宅房价已接近20000元/m^2					

条件最苛刻地块						
开发商	地块名称及位置	土地面积（万m^2）	用地性质	成交总价（亿元）	楼面地价（元/m^2）	溢价率（%）
保利房地产（集团）股份有限公司	海珠区琶洲村	39.85	商住	1.42	4578	0
地块点评	琶洲村作为亚运会前清拆的9条城中村之一，未来是琶洲-员村规划中的CBD补充区，以发展高端商务会展和商务总部经济为主，人口密度低。目前琶洲区域已被规划为以商务为主，地块周边均是商务式或酒店式公寓项目，目前（2010年8月）及未来供应货量主要为"邦泰国际公寓"、"印象琶洲公寓"、"保利世贸公寓"，售价在20000~25000元/m^2左右					

限价地退地重推地块						
开发商	地块名称及位置	土地面积（万m^2）	用地性质	成交总价（亿元）	楼面地价（元/m^2）	溢价率（%）
广州雅粤房地产开发有限公司	花都区107国道D地块	5.71	住宅	2.41	1956	59
	番禺中心城区南区4-3地块	10.38	住宅	4.76	3536	27

续表

限价地退地重推地块						
开发商	地块名称及位置	土地面积（万m^2）	用地性质	成交总价（亿元）	楼面地价（元/m^2）	溢价率（%）
地块点评	两幅地块均是由原来的限价地转为普通商品房用地重新推出市场。其中，花都107国道D地块位于花都区中心城区西北面，雅宝新城对面，地理位置优越，临近主干道，交通便利，享有洪秀全水库资源，周边环境良好。卖地当日雅居乐与保地地产经过29轮举牌，最终由雅居乐以2.41亿元夺得，该地块与此前雅居乐买下的107国道A、B、C、E地块形成连片开发，其规模大，户型产品有充足的发挥空间。雅居乐自2002年起进入花都楼市，已开发多个项目，有片区开发优势。107国道A地块开发项目“花都雅居乐·花间集”售价在7000元/m^2，附近项目“雅宝新城”毛坯售价在5000~7000元/m^2。番禺中心城区南区地块位于沙湾镇，紧邻番禺“地王”4-2地快，卖地当日经过32轮举牌，最终雅居乐以4.76亿元胜出，此前雅居乐已在番禺中心城区南区青新路南侧及北侧拿下2宗土地，这意味雅居乐在番禺中心城区南区掌握更多的话语权。地块周边新增供应不多，“万科金色城品苑”售价15000元/m^2					

广州市最值得关注的3大成交地块（2010年上半年） 表12-5

央企首次进穗买地						
开发商	地块名称及位置	土地面积（万m^2）	用地性质	成交总价（亿元）	楼面地价（元/m^2）	溢价率（%）
中铁房地产集团有限公司	荔湾区旧龙溪路高尔夫球场A、B地块	6.51	住宅	12.95	7172	129
地块点评	地块位于荔湾区旧龙溪路以北、高速公路以西地段，原来是一个18洞标准高尔夫球场。2007年曾被政府收回8919m^2，用于武广铁路客运专线建设。2009年又收回该地块的13.7万m^2土地，按规划安排作政府储备用地。2010年广州市计划在芳村高尔夫大地块上出让6幅住宅地，6月29日推出其中的2幅地块，卖地当日吸引了城建、保利、佳兆业、招商地产等10家上市开发商到场竞价。最终2幅地块由中国铁建集团夺得，其中A地块，经过43轮竞价，以总价6.25亿元、楼面地价7408元/m^2成交，溢价123.5%。而B地块经过48轮竞拍，以总价6.7亿元、楼面地价7296元/m^2成交。目前（2010年8月）该地块周边一手住宅均价约为14000~15000元/m^2					

地王退地重推地块						
开发商	地块名称及位置	土地面积（万m^2）	用地性质	成交总价（亿元）	楼面地价（元/m^2）	溢价率（%）
广州市城市建设开发有限公司	番禺区中心南区地块4 － 2	24.40	住宅	23.80	7282	80
	番禺区中心南区地块5 － 3	11.27	住宅	4.95	5535	26
地块点评	两幅地块位于番禺沙湾，4-2地块规模大、拥有一线江景资源，是市区难得一见的优质地块，因此吸引了包括远洋地产、保利、万科、合景等品牌企业在内的9家房企参与竞价。经过51轮激烈竞价，城建最终以总价23.8亿元取得地块，溢价达80%，更刷新了2007年时金地以6230元/m^2取得地块的地王纪录。另一幅前合生地块（5-3地块）的可建筑面积相对不大，且地块形状不大规整，经过19轮竞价，城建以总价4.95亿元，楼面地价5535元/m^2击败朗诗集团竞得该地块，溢价约26%。目前（2010年8月）该地块周边一手住宅均价约在9500~13000元/m^2					

资料来源：广州中原研究部。

12.3 住宅市场

广州市历年商品住宅市场主要指标表（2009～2010年上半年） 表12-6

	商品住宅市场			二手住宅市场	
	批准预售面积（万m^2）	预售登记面积（万m^2）	销售额（亿元）	销售面积（万m^2）	销售金额（亿元）
2009年	668.05	978.41	914.34	987.45	473.37
2010年上半年	239.06	333.25	395.69	426.75	220.76

数据来源：广州市国土局。

广州市商品住宅供需情况表（2009年）　　表12-7

区　域	新增供应	销售情况		
	新增面积（万m^2）	销售面积（万m^2）	成交金额（亿元）	成交均价（元/m^2）
全　市	668.05	978.43	914.34	9345
中心区	371.77	496.73	590.27	11883
次中心区	296.28	481.70	324.07	6728

注：中心区面积、金额为中心区各个行政区面积、金额求和。
数据来源：广州市国土局。

广州市商品住宅批准预售面积季度走势（2009～2010年）　　表12-8

区　域	2009年第一季度	2009年第二季度	2009年第三季度	2009年第四季度	2010年第一季度	2010年第二季度
全　市（万m^2）	101.76	234.12	181.56	150.61	130.34	160.68
中心区（万m^2）	54.86	109.87	116.12	90.92	52.07	57.86
次中心区（万m^2）	46.90	124.25	65.44	59.69	78.27	102.82

注：中心区面积为中心区各个行政区面积求和。
数据来源：广州市国土局。

广州市商品住宅销售量价季度走势（2009～2010年）　　表12-9

区　域	2009年第一季度	2009年第二季度	2009年第三季度	2009年第四季度	2010年第一季度	2010年第二季度
成交价格（元/m^2）						
全　市	8124	8786	9605	10582	11433	12345
中心区	10294	11243	12101	13519	14568	15998
次中心区	5996	6036	7248	7290	7720	8260
成交面积（万m^2）						
全　市	157.14	271.13	343.56	206.60	172.21	161.04
中心区	77.50	143.20	166.88	109.15	93.37	85.02
次中心区	79.64	127.93	176.68	97.45	78.84	76.02

数据来源：广州市国土局。

广州市二手住宅成交量价季度走势（2009～2010年）　　表12-10

区　域	2009年第一季度	2009年第二季度	2009年第三季度	2009年第四季度	2010年第一季度	2010年第二季度
成交价格（元/m^2）						
全　市	4503	4706	4730	5077	5164	5183
中心区	5089	5251	5358	5524	5676	5619
次中心区	3317	3713	3744	4244	4494	4532
成交面积（万m^2）						
全　市	128.31	262.04	313.46	283.64	225.41	201.34
中心区	85.87	169.13	191.60	184.51	127.76	120.60
次中心区	42.44	92.91	121.86	99.13	97.65	80.74

数据来源：广州市国土局。

图 12-2 广州市最值得关注的20大住宅项目区位分布图（2009～2010年上半年）

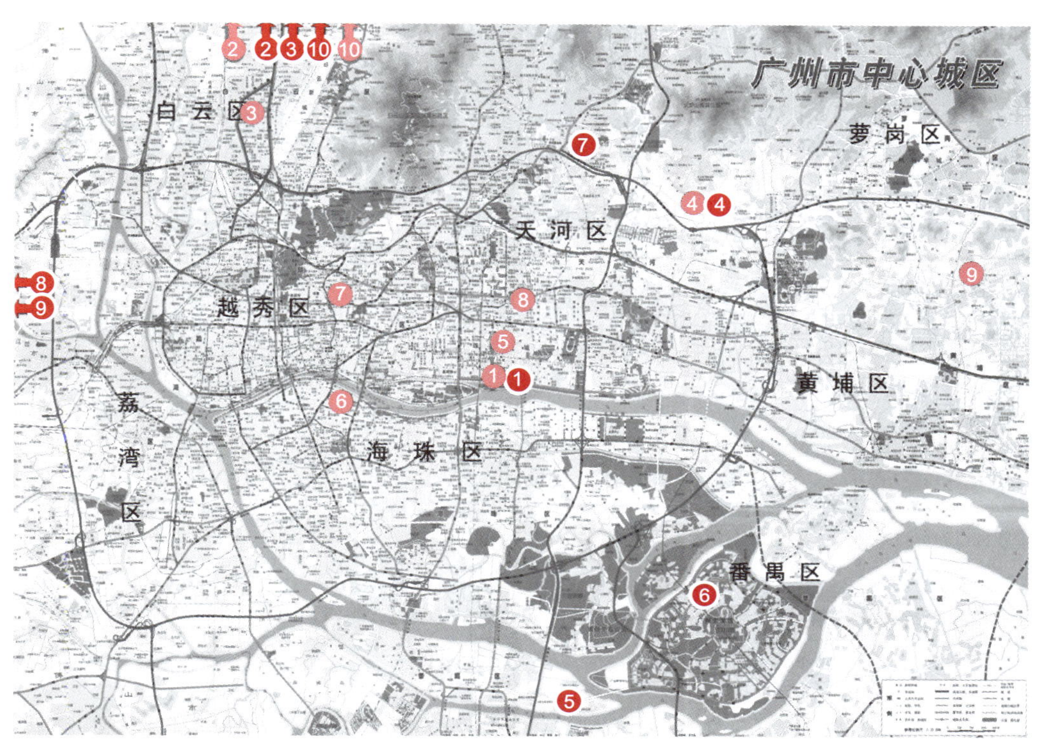

	2009年				2010年上半年		
	项目名称	关注点	关注信息		地块名称	关注点	关注信息
1	博雅首府	单价最高	开盘均价：38000元/m^2	1	博雅首府	单价最高	开盘均价：38000元/m^2
2	玖珑湖	供应面积最大	总供应面积：26万m^2	2	锦东花园	供应规模最大	总供应面积：15万m^2
3	富力城	成交面积最大	月均出货达100多套，居同区域之首	3	保利城花园（二期）	成交面积最大	成交面积：7.37万m^2
4	汇景新城·世家	成交金额最大	销售金额：36.30亿，总体出货率高达99%	4	汇景新城·龙熹山	成交金额最大	销售金额：14.08亿
5	领峰	装修标准最高	引入随时随需服务，全屋高科技的智能化系统，户型、装修与国际主流公寓一致	5	星河湾·海怡半岛	装修标准最高	星河湾打造的品牌
6	华标品峰	户型最大洋房	户型配比：250m^2、270m^2、290m^2的4房	6	大学时光	热门投资公寓	大学城地王产生，助涨区域内楼价
7	中环广场	热门投资公寓	中心城区核心地段商务公寓，周边套配完善，商务氛围成熟	7	天河御品	翻身最佳“烂尾楼”	5月底以约11000元/m^2的毛坯均价推出部分特价单位，成交30余套
8	万菱汇君临国际公寓	翻身最佳“烂尾楼”	发售当月成交百余套	8	中海金沙馨园	较受关注限价房	受首次置业的年轻买家及手头资金有限的买家欢迎
9	龙光·峰景华庭	较受关注限价房	全市最便宜限价房，交通方便	9	恒大绿洲	首提降价项目	2010年“五一”期间打出85折优惠
10	保利城花园	价格涨幅最大	价格曾升至近9000元/m^2，目前均价4800元/m^2	10	祈福生活无限	首提发展商垫付首期	2010“五一”期间打出“首付3成，余款7成免息分期”

广州市最值得关注的10大住宅项目（2009年）　　表12-11

博雅首府（单价最高）		
项目地址	天河珠江新城冼村路省博物馆旁	
开发商	广州南雅房地产开发有限公司	
占地面积（万m^2）	1.86	
建筑面积（万m^2）	17.83	
最早开盘时间	2008-03	
开盘均价（元/m^2）	38000	
总套数/销售套数	128/26	
销售面积（万m^2）	0.88	
销售金额（亿元）	3.00	
项目点评	成交客户构成：高端客户	
	户型配比：198m^2，338m^2，385m^2的3~6房	
	规划及配套设计亮点：处于珠江新城7大地标中心，邻近广东博物馆、广州图书馆、广州歌剧院、广州第二少年宫及东西双塔。1~5层是商业旗舰店，6楼是4000m^2的私家会所，配备空中温泉泳池、健身室、酒吧、西餐厅等高级休闲场所。Y型的设计，保证每户拥有270度景观，实用率却高达86%。三梯三户的设计，可以实现单梯到户，专属电梯可以直接入家门	
	市场反响：开盘以来价格企稳，由于价格变化不大，且进入尾货阶段，成交速度相对缓慢	
	竞争性楼盘：同区域内主打大户型产品项目较小，“领峰”、“方圆月岛”200m^2左右大面积单位均价约26000元/m^2左右	

玖珑湖（供应面积最大）		
项目地址	花都北兴镇	
开发商	新鸿基	
占地面积（万m^2）	24.50	
建筑面积（万m^2）	12.00	
开盘时间	2009-04-25	
开盘均价（元/m^2）	20000	
总套数/销售套数	525/244	
销售面积（万m^2）	11.21	
销售金额（亿元）	27.52	
项目点评	成交客户构成：作为进入广州楼市第一个项目，品牌效应，客户群以自驾车人士为主	
	户型配比：160~180m^2双拼和联排别墅，350~875m^2独立别墅	
	规划及配套设计亮点：在中国内地的首个大型高尚住宅项目，占地约118万m^2，总建筑面积84万m^2，共分6期开发，以独立别墅为主，配以少量双拼别墅及低密度洋房产品，总货量达5000套。一期“悦源”组团占地24万m^2，建筑面积12万m^2，共有269套别墅，产品以独立别墅为主，并有少量双拼和联排别墅，面积在350~875m^2	
	市场反响：开卖以来月平均成交量约30套，出货率46%，开盘以来总供应面积达26万m^2	
	竞争性楼盘：“桃花园”、“颐和高尔夫”、“金湖花园”等高端别墅	

续表

富力城（成交面积最大）		
项目地址	白云新市镇平沙	
开发商	富力	
占地面积（万m^2）	40.00	
建筑面积（万m^2）	51.00	
最早开盘时间	2005年	
开盘均价（元/m^2）	4500	
总套数/销售套数	1141/1334	
销售面积（万m^2）	1.64	
销售金额（亿元）	13.65	
项目点评	成交客户构成：价格在同区域内具有吸引力，社区发展成熟，深受首次置业者欢迎，也有部分白云区原居民	
	户型配比：70~200m^2的2~5房	
	规划及配套设计亮点：项目北面是新白云国际机场，东南部是白云新城，以欧洲小镇风情为开发蓝本，规划有25万m^2的欧洲水景园林及10万m^2的奥林匹克体育公园。小区商业中心设有银行、邮局、电信、中西餐厅、连锁超市等	
	市场反响：价格有吸引力，社区成熟，月均出货达100多套，居同区域之首	
	竞争性楼盘：目前项目周边主要在售项目“穗和城”带装修均价6400元/m^2左右	

汇景新城·世家（成交金额最大）		
项目地址	天河广园东路	
开发商	侨鑫	
占地面积（万m^2）	130.00	
建筑面积（万m^2）	80.00	
开盘时间	2009-04-25	
开盘均价（元/m^2）	19000~20000	
总套数/销售套数	696/690	
销售面积（万m^2）	16.30	
销售金额（亿元）	36.30	
项目点评	成交客户构成：项目走国际化路线，成熟的社区规模，完善的配套设施，财富与身份的象征，深受对生活有高品质要求客户欢迎	
	户型配比：186m^2、246m^2的3~4房，264m^2、355m^2的叠加别墅	
	规划及配套设计亮点：项目南面汇景路通过两段高架路接通广园东路，作为小区主出入口。西边接通华南快速干线辅道，居民出行、商务往来十分方便，能快速连接珠三角等地。小区内采用人车分流的交通组织方式，借助起伏错落的地势，缔造3山5园3湖1岛的立体景观。建有连锁国际会所、国际学校、国际商业文化娱乐中心、国际文化广场、国际现代化医疗服务中心、国际现代化体育中心、大型公交车站、中学、小学、幼儿园、托儿所、银行、肉菜市场等	
	市场反响：项目自2003年推出市场以来销售成绩理想。2009年推出新的产品，总体出货率高达99%	
	竞争性楼盘：广州“雅居乐·剑桥郡”（均价20000元/m^2）、“海怡半岛”（均价25000元/m^2）、“朱美拉”（均价29000元/m^2）、“博雅首府”（均价36000元/m^2）	

领峰（装修标准最高）	
项目地址	天河珠江新城金穗路与冼村路交界
开发商	合景泰富
占地面积（万 m^2）	2.26
建筑面积（万 m^2）	18.00
开盘时间	2008-10-05
开盘均价（元/ m^2）	21000
总套数/销售套数	400/457
销售面积（万 m^2）	5.06
销售金额（亿元）	9.78
项目点评	成交客户构成：港澳客户、在穗工作外籍买家占30%，个别买家一口气买下多套公寓单位
	户型配比：W公寓43~90m^2，住宅160~230m^2的3房
	规划及配套设计亮点：位于珠江新城金穗路，项目分为广州W酒店、酒店式服务公寓、豪宅领峰三大部分。W公寓引入W酒店随时随需服务，全屋高科技的智能化系统，户型、装修与国际主流公寓一致，与其他公寓项目差异化明显
	市场反响：首期推出的大户型洋房单位基本售罄，W公寓余货约10套
	竞争性楼盘："朱美拉公寓"（均价29000元/m^2）、"保利中环广场"（均价24000元/m^2）

华标品峰（户型最大洋房）	
项目地址	海珠区滨江中路466号
开发商	广州海滨房地产开发有限公司
占地面积（万 m^2）	2.39
建筑面积（万 m^2）	15.00
开盘时间	2008-06-15
开盘均价（元/ m^2）	30000
总套数/销售套数	288/144
销售面积（万 m^2）	4.02
销售金额（亿元）	10.46
项目点评	成交客户构成：中年高端消费买家
	户型配比：250m^2、270m^2、290m^2的4房
	规划及配套设计亮点：48层高一线江景大宅，紧邻双内环出口，左邻江湾大桥、右靠海印大桥，毗邻大元帅府广场。波浪型板式结构，三梯两户，户户南北对流；45° 面江尽享珠江美景
	市场反响：享一线江景资源，开卖以来价格企稳，出货速度虽慢，但出货率相对稳定
	竞争性楼盘：同地段一线江景项目"保利康桥"（均价28000元/m^2），"信达阳光海岸"（均价28000元/m^2）

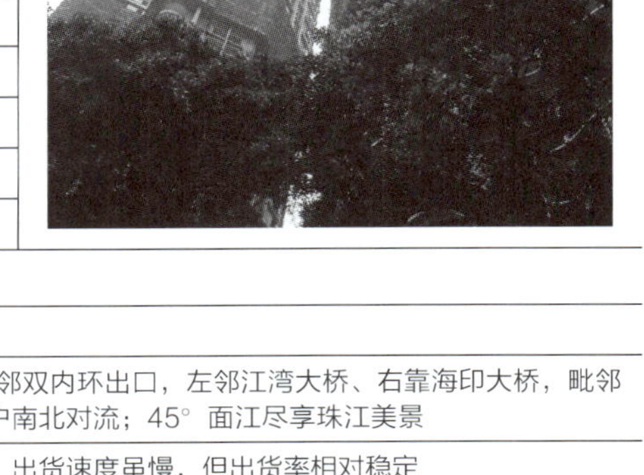

续表

中环广场（热门投资公寓）	
项目地址	越秀区环市东路
开发商	保利
占地面积（万m²）	2.00
建筑面积（万m²）	29.00
开盘时间	2008-12
开盘均价（元/m²）	16500
总套数/销售套数	448/1021
销售面积（万m²）	9.06
销售金额（亿元）	16.24
项目点评	成交客户构成：项目附近居民，白领、投资客
	户型配比：90~196m²的2-4房，50~90m²的单间至2房
	规划及配套设计亮点：地处中心城区核心地段商务公寓，周边套配完善，商务氛围成熟。项目集高尚住宅、酒店式公寓、购物中心、写字楼于一体。半围合的规划，南北分区，住宅自成一体，独立入户，逾万平方米空中花园，私家双泳池，双会所设计；户型采用蝶形设计
	市场反响：开盘以来价格稳中有升，升幅约20%，135m²左右地拼户型三房单位最受欢迎
	竞争性楼盘："领峰"（均价28000元/m²）

万菱汇君临国际公寓（翻身最佳"烂尾楼"）	
项目地址	天河区天河路230、232号
开发商	万东实业
占地面积（万m²）	2.15
建筑面积（万m²）	23.00
开盘时间	2009-11
开盘均价（元/m²）	28000
总套数/销售套数	550/163
销售面积（万m²）	1.35
销售金额（亿元）	3.79
项目点评	成交客户构成：投资客
	户型配比：47~77m²的1房，63~92m²的2房占70%
	规划及配套设计亮点：项目是地铁三号线石牌桥站上盖物业，紧靠正佳广场的东侧，周边聚集了多个大型成熟的商业物业。配备5000m²的私人尊贵会所、花园平台泳池，设有健身室、瑜伽舞蹈区、乒乓球室、桌球房、咖啡厅、商务中心等，是大型综合商业中心
	市场反响：发售当月成交百余套
	竞争性楼盘："正佳万豪公寓"（均价42000元/m²）

龙光·峰景华庭（较受关注限价房）		
项目地址	萝岗广汕公路黄陂段	
开发商	龙光	
占地面积（万m^2）	14.29	
建筑面积（万m^2）	28.41	
开盘时间	2008-05	
开盘均价（元/m^2）	4000	
总套数/销售套数	890/1 062	
销售面积（万m^2）	9.09	
销售金额（亿元）	3.64	
项目点评	成交客户构成：广州市中低收入家庭，区域内征地拆迁安置户	
	户型配比：72m^2、88m^2、92m^2的2~3房占100%	
	规划及配套设计亮点：全国首批推出的“三限双竞”地块之一，全市最便宜限价房，紧靠广汕公路一侧，交通方便。分三期开发，共7栋楼宇，90%的户型建筑面积将为90m^2以内，总户数高达2800多套	
	市场反响：开卖前申购人数高达5000人，其中个人名义申购3991人，夫妻名义申购1018人	
	竞争性楼盘：“万科新里程”（最高限价6000元/m^2）、“中海金沙馨园”（限价6375元/m^2）	

保利城花园（价格涨幅最大）		
项目地址	花都风神大道与花港大道交界	
开发商	保利	
占地面积（万m^2）	25.00	
建筑面积（万m^2）	54.00	
最早开盘时间	2008年	
开盘均价（元/m^2）	4800	
总套数/销售套数	142/1017	
销售面积（万m^2）	13.37	
销售金额（亿元）	8.39	
项目点评	成交客户构成：以项目附近汽车城企业员工为主，花都区客源占大部分，也有少数白云区及天河区客户	
	户型配比：70~80m^2的2房，88~180m^2的3~4房，240m^2左右联体别墅	
	规划及配套设计亮点：项目位于汽车城板块，靠近天马河，比邻广清高速。小区毗邻飞鹅岭国际生态体育公园和亚运会体育分场馆，以英国园林景观空间设计为主导思想。地铁上盖物业，地铁9号线将于2013年开通	
	市场反响：户型方正实用，自开盘以来销售理想，认可度高。价格曾升至近9000元/m^2	
	竞争性楼盘：“轩逸时光”、“祈福辉煌台”6000~7000元/m^2	

广州市最值得关注的10大住宅项目（2010年上半年） 表12-12

博雅首府（单价最高）		
项目地址	天河珠江新城冼村路省博物馆旁	
开发商	广州南雅房地产开发有限公司	
占地面积（万m^2）	1.86	
建筑面积（万m^2）	17.83	
最早开盘时间	2008-03	
开盘均价（元/m^2）	38000	
总套数/销售套数	0/13	
销售面积（万m^2）	0.43	
销售金额（亿元）	1.60	
项目点评	成交客户构成：高端客户	
	户型配比：198m^2，338m^2，385m^2的3~6房	
	规划及配套设计亮点：处于珠江新城7大地标中心，邻近广东博物馆、广州图书馆、广州歌剧院、广州第二少年宫及东西双塔。1~5层是商业旗舰店，6楼是4000m^2的私家会所，配备空中温泉泳池、健身室、酒吧、西餐厅等高级休闲场所。Y型的设计，保证每户拥有270度景观，实用率却高达86%。三梯三户的设计，可以实现单梯到户，专属电梯可以直接入家门	
	市场反响：开盘以来价格企稳，现楼发售，主要针对目标客户群，仅余货量约数套	
	竞争性楼盘：同区域内主打大户型产品项目较小，“领峰”、“方圆月岛”200m^2左右大面积单位均价约26000元/m^2左右	

锦东花园（供应规模最大）		
项目地址	花都区紫薇路	
开发商	广州骏威企业集团	
占地面积（万m^2）	7.80	
建筑面积（万m^2）	26.00	
最早开盘时间	2007-01	
开盘均价（元/m^2）	5000	
总套数/销售套数	1480/34	
销售面积（万m^2）	0.73	
销售金额（亿元）	0.64	
项目点评	成交客户构成：花都当地客源为主，也有部分白云区客户	
	户型配比：95~160m^2的3~4房	
	规划及配套设计亮点：社区内自建超大商场，幼儿园、小学、中英文学校、云山中学、马鞍山公园、花都休闲广场、人民公园近在咫尺	
	市场反响：自开卖以来项目出货速度平均每月有20套左右，开盘以来总供应面积达15万m^2	
	竞争性楼盘：“星缘美局”（毛坯均价8500元/m^2）“大运家园”（均价7000元/m^2）	

续表

保利城花园（二期）（成交面积最大）	
项目地址	花都风神大道与花港大道交界
开发商	保利
占地面积（万m^2）	25.00
建筑面积（万m^2）	54.00
开盘时间	2010-05
开盘均价（元/m^2）	6500
总套数/销售套数	1124/734
销售面积（万m^2）	7.37
销售金额（亿元）	4.82
项目点评	成交客户构成：以项目附近汽车城企业员工为主，花都区客源占大部分，也有少数白云区及天河区客户
	户型配比：70~80m^2的2房，88~110m^2的3房
	规划及配套设计亮点：项目位于汽车城板块，靠近天马河，比邻广清高速。小区毗邻飞鹅岭国际生态体育公园和亚运会体育分场馆，以英国园林景观空间设计为主导思想。地铁上盖物业，地铁9号线将于2013年开通
	市场反响：户型方正实用，自开盘以来销售理想，认可度高。二期“海德中央公园”带装修均价6500元/m^2，成交率高达60%
	竞争性楼盘：“轩逸时光”、“祈福辉煌台”售价6000~7000元/m^2

汇景新城·龙熹山（成交金额最大）	
项目地址	天河广园东路
开发商	侨鑫
占地面积（万m^2）	130.00
建筑面积（万m^2）	80.00
开盘时间	2009-12-19
开盘均价（元/m^2）	26000
总套数/销售套数	0/216
销售面积（万m^2）	5.37
销售金额（亿元）	14.08
项目点评	成交客户构成：项目走国际化路线，成熟的社区规模，完善的配套设施，财富与身份的象征，深受对生活有高品质要求客户欢迎
	户型配比：186m^2、246m^2的3~4房，264m^2、355m^2的叠加别墅
	规划及配套设计亮点：项目南面汇景路通过两段高架路接通广园东路，作为小区主出入口。西边接通华南快速干线辅道，居民出行、商务往来十分方便，能快速连接珠三角等地。小区内采用人车分流的交通组织方式，借助起伏错落的地势，缔造3山5园3湖1岛的立体景观。建有连锁国际会所、国际学校、国际商业文化娱乐中心、国际文化广场、国际现代化医疗服务中心、国际现代化体育中心、大型公交车站、中学、小学、幼儿园、托儿所、银行、肉菜市场等
	市场反响：项目自2003年推出市场以来销售成绩理想。2009年年底推出新组团，销售稳定
	竞争性楼盘：广州“雅居乐·剑桥郡”（均价20000元/m^2）、“海怡半岛”（均价25000元/m^2）、“朱美拉”（均价29000元/m^2）、“博雅首府”（均价36000元/m^2）

续表

星河湾·海怡半岛（装修标准最高）		
项目地址	番禺区洛溪岛东侧	
开发商	星河湾	
占地面积（万m^2）	42.00	
建筑面积（万m^2）	93.00	
最早开盘时间	2009-09	
开盘均价（元/m^2）	27000	
总套数/销售套数	—/133	
销售面积（万m^2）	2.03	
销售金额（亿元）	5.03	
项目点评	成交客户构成：外省投资实力买家、温州客商	
	户型配比：200m^2左右的4房，70~100m^2的1~3房	
	规划及配套设计亮点：位于番禺区洛溪岛东端，广州“星河湾”的江对岸，北对万亩果林、琶洲岛，东邻大学城，南接广州新城，其自然资源得天独厚，为中国一线城市中心珍罕的三面环江半岛	
	市场反响：星河湾打造的品牌吸引多个省市的买家到场，首批推出单位出货率达40%	
	竞争性楼盘：“锦绣香江”、“华南新城”（均价13000~17000元/m^2），广州“雅居乐·剑桥郡”（均价20000元/m^2）	

大学时光（热门投资公寓）		
项目地址	番禺大学城外环西路	
开发商	方圆	
占地面积（万m^2）	2.83	
建筑面积（万m^2）	6.48	
开盘时间	2010-01	
开盘均价（元/m^2）	14500	
总套数/销售套数	504/405	
销售面积（万m^2）	2.60	
销售金额（亿元）	3.77	
项目点评	成交客户构成：大学城内高校教师、有投资经验的中年自驾车买家	
	户型配比：29~44m^2的1房公寓单位，75~117m^2的2、3房	
	规划及配套设计亮点：是大学城内首个社区型综合公寓，分2期开发，由7栋13层高小高层洋房组成，共725个单位，采用简洁抽象的现代主义风格，红白黑为主要园林景观的色调，现代感强烈	
	市场反响：大学城地王产生，助涨区域内楼价，区域内投资前景乐观，成交稳定	
	竞争性楼盘：“大学馨园”（均价17000元/m^2）	

天河御品（翻身最佳“烂尾楼”）		
项目地址	白云区广州大道北京溪路	
开发商	万科	
占地面积（万m^2）	2.61	
建筑面积（万m^2）	13.84	
开盘时间	2010-03	
开盘均价（元/m^2）	15000	
总套数/销售套数	834/600	
销售面积（万m^2）	6.14	
销售金额（亿元）	9.36	
项目点评	成交客户构成：白云及天河区30多岁左右刚性需求自住型买家	
	户型配比：78~130m^2的2~3房	
	规划及配套设计亮点：由11栋12~28层半围合式高层和小高层组成，拥有最高达200米楼距。完善的生活配套设施，步行10分钟内到达商业广场，邻近省一级的京溪小学、南方医院	
	市场反响：5月底以约11000元/m^2的毛坯均价推出部分特价单位，成交30余套	
	竞争性楼盘：“云山熹景”、“山水庭苑”（均价13800元/m^2）	

中海金沙馨园（较受关注限价房）		
项目地址	白云金沙洲环洲三路南段	
开发商	中海	
占地面积（万m^2）	15.00	
建筑面积（万m^2）	25.00	
开盘时间	2008年	
开盘均价（元/m^2）	6375	
总套数/销售套数	425/130	
销售面积（万m^2）	1.22	
销售金额（亿元）	0.78	
项目点评	成交客户构成：广州市内有刚性需求，但承受不起高楼价的家庭；旧城区居民	
	户型配比：88~97m^2的3房	
	规划及配套设计亮点：小区分三期开发，其中一、二期为住宅，三期为大型集中商业。除了住宅区外，将配置社区商业中心，规划有幼儿园、小学、中学，建设配套齐全，是生态型低密度精品居住社区	
	市场反响：限价房受首次置业的年轻买家及手头资金有限的买家欢迎	
	竞争性楼盘：同区域限价房“保利西子湾”（限价6500元/m^2）	

恒大绿洲（首提降价项目）	
项目地址	白云金沙洲大桥南
开发商	恒大
占地面积（万 m^2）	14.40
建筑面积（万 m^2）	48.00
最早开盘时间	2009-09
开盘均价（元/ m^2）	13000
总套数/销售套数	476/231
销售面积（万 m^2）	4.57
销售金额（亿元）	6.15
项目点评	成交客户构成：荔湾、白云区居民
	户型配比：187~256m^2的3~4房
	规划及配套设计亮点：整个项目呈矩形，环抱园林及景观湖，设有下沉式叠水园林广场及空中花园。并有大型运动中心、幼儿园及小学等生活配套。洋房采用层层退台式的设计，达到移步换景的效果，主力户型为两梯两户的板式设计，保证了绝大部分户型的南北朝向。社区大部分首层建筑均采用架空层设计
	市场反响：2010年“五一”期间打出85折优惠，目前价格11800元/m^2起（带装修）
	竞争性楼盘：“中海金沙湾”在售产品为临江高层洋房，价格9000元/m^2起；“金域蓝湾”目前在售货量以100m^2左右的2~3房为主，价格约14000元/m^2。“恒大御景半岛”售价12200元/m^2起

祈福生活无限（首提发展商垫付首期）	
项目地址	花都新街河畔
开发商	祈福
占地面积（万 m^2）	2.59
建筑面积（万 m^2）	10.90
开盘时间	2009-09
开盘均价（元/ m^2）	4700
总套数/销售套数	0/145
销售面积（万 m^2）	1.21
销售金额（亿元）	0.80
项目点评	成交客户构成：花都区客源为主、也有白云区客户。因户型面积小，总价不高，吸引不少投资客及年轻首次置业一族
	户型配比：41~160m^2的1~5房
	规划及配套设计亮点：邻近地铁9号线，交通便利，周边生活配套完善。坐拥165万m^2新街河江畔公园，北邻马鞍山公园。提倡“向上”百变生活空间
	市场反响：2010“五一”期间打出“首付3成，余款7成免息分期”，自开盘以来销售稳定，价格低开高走，升至8000元/m^2
	竞争性楼盘：“马鞍山一号”（尾货均价5600元/m^2）、“轩逸时光”（一口价6300元/m^2）

资料来源：广州中原研究部。

照片来源：广州中原研究部根据网上资料及调研整理所得。

12.4 写字楼商业市场

广州市销售型甲级写字楼市场新增供应一览表（2009～2010年上半年）　　表12-13

区　域	项目名称	项目地址	开发商名称	上市时间	建筑面积（万m^2）	销售价格（元/m^2）
珠江新城商圈	富力盈悦国际	珠江新城中央广场西侧	富力地产	2009-06	11.33	15000
	富力盈信大厦	珠江新城华夏路与金穗路交汇处	富力地产	2009-08	12.13	27000
	汇美大厦	汇美大厦位于广州市珠江新城金穗路3号	广州汇美发展有限公司	2010-04	7.84	25000
	佳兆业广场	天河区黄埔大道西78号	佳兆业集团	2010-08	11.75	25000
琶洲商圈	中洲交易中心	新港东路1088号	广州中轻新洲房地产开发有限公司	2009-10	17.37	20000
天河北商圈 江南大道商圈	A8商务中心	广州大道中988号	广东圣丰集团	2009-08	27.00	23000
	达镖国际中心	海珠江南大道南362号	广州江南房产有限公司	2009-10	11.54	18000
一德路商圈	大同商业大厦	越秀区一德路488号	广州同轩房地产发展有限公司	2010-03	4.53	13500

资料来源：广州中原工商铺部。

广州市租赁型甲级写字楼市场新增供应一览表（2009～2010年上半年）　　表12-14

区　域	项目名称	项目地址	开发商名称	上市时间	建筑面积（万m^2）	租赁价格元/（m^2.月）
珠江新城商圈	保利中心	珠江新城临江大道5号	保利地产	2009-05	8.20	176.88
	广州远洋大厦	天河区花城大道20号	广州远洋建设实业公司	2010-08	6.38	128.64
	西塔	珠江新城华夏路、花城大道及珠江大道西交汇	城建地产	2009-08	45.60	138.69
天河商圈	方圆大厦	天河路	方圆地产	2009-07	5.00	98.49
	兴业银行大厦	天河区天河路101号	天伦控股有限公司	2010-06	3.93	78.39

资料来源：广州中原工商铺部。

广州市甲级写字楼租金季度走势（2009～2010年上半年）　元/（m^2·月）　　表12-15

区　域	2009年第一季度	2009年第二季度	2009年第三季度	2009年第四季度	2010年第一季度	2010年第二季度
天河北商圈	120	115	112	101	115	121
珠江新城商圈	165	155	153	149	147	150
环市东商圈	90	90	86	84	85	89
琶洲商圈	65	65	63	69	68	64

资料来源：广州中原工商铺部。

广州市甲级写字楼入住率季度走势（2009～2010年上半年）　%　表12-16

区　域	2009年第一季度	2009年第二季度	2009年第三季度	2009年第四季度	2010年第一季度	2010年第二季度
天河北商圈	85.56	80.76	80.76	84.53	89.36	94.20
珠江新城商圈	66.25	64.70	64.70	72.41	74.44	79.09
环市东商圈	81.62	78.37	78.92	80.65	81.65	87.63
琶洲商圈	41.45	42.02	59.74	68.60	63.20	72.40

资料来源：广州中原工商铺部。

广州市租赁型商铺市场新增供应一览（2009～2010年上半年）　表12-17

区　域	项目名称	项目地址	类　型	上市时间	建筑面积（万m^2）	租赁价格元/（m^2·月）
番禺区	哈街	番禺区桥南路	商业街	2010-05	5.00	一层130~140；二层200
海珠区	燕汇广场	海珠区江燕路108号	购物中心	2009-05	4.00	二层100~180
天河区	太阳城广场	天河珠江新城平川路611-613号	购物中心	2010-04	15.00	140~200
天河区	四季Mall	天河珠江新城花城大道与冼村路交汇处	购物中心	2010-07	17.00	—
天河区	中环广场	珠江新城核心区中央广场及地下	购物中心	—	15.00	—
白云区	5号停机坪	白云广州市白云区机场路云霄街353栋	购物中心	2010-05	8.50	二层100~150
海珠区	广州长江轻纺城	海珠区瑞康路与逸景路交界处，北区六号	专业市场	2009-12	40.00	一层650~1200 二层120~200
天河区	西塔裙楼商场	广州国际金融中心位于珠江新城珠江大道西与花城大道交界处	购物中心	2010-01	45.00	—
天河区	时尚天河	广州天河体育中心地下	购物中心	2010-05	22.00	800~1000
天河区	高德汇购物中心	天河区沙河镇长兴路13号	购物中心	2010-05	7.20	190

资料来源：广州中原工商铺部。

广州市销售型商铺市场新增供应一览（2009～2010年上半年）　表12-18

区　域	项目名称	项目地址	类　型	上市时间	建筑面积（万m^2）	销售价格（元/m^2）
白云区	白云万达广场	白云区云城东路西侧，横五路以北	购物中心	2010-06	39.2	50000
	万城·四季广场	广州市机场路233号	购物中心	2010-04	2.00	80000~100000
番禺区	亚洲汇	广州市番禺区市桥大北路391号	购物中心	2009-05	3.00	34000~42000
越秀区	名商天地皮料五金市场	广州市广园西路222号	专业市场	2009-05	13.00	60000
	宝贝城	越秀中路	主题商场	2010-02	5.86	33000
海珠区	星辰名酒交易中心	滨江中路382号	主题商场	2010-07	1.00	45000
	星辰汇	海珠区江南大道中102号中广大厦（婚纱街）	主题商场	2010-07	0.50	45000
荔湾区	星玺广场	西华路418号	购物中心	2010-07	1.00	50000

资料来源：广州中原工商铺部。

图12-3　广州市最值得关注10大写字楼区位分布图（2009～2010年上半年）

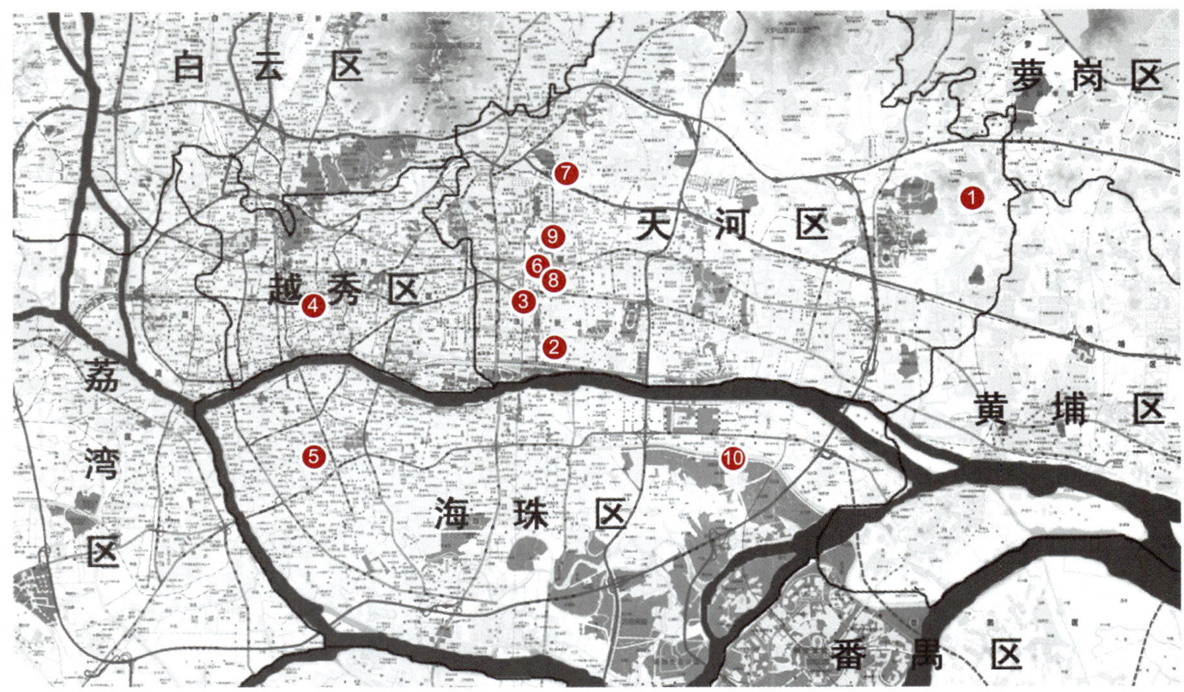

2009～2010年上半年			
	项目名称	关注点	关注信息
1	合景科汇金谷	规模最大的写字楼	由47栋11层高的独栋花园式写字楼和两栋商务公寓组成
2	西塔	最高的写字楼	432米的设计高度，跻身全球十大顶尖超高层建筑之列
3	汇美大厦	办公环境最好的甲级写字楼	项目定位为生态型总部基地，每三层有一个空中花园，户户有私家花园
4	华以泰国际	外形最奇特的写字楼	采用中空Low-E钢化玻璃幕墙，雕琢“摇曳竹海”特色建筑外形
5	达镖国际中心	最大的“烂尾楼翻生”项目	总建筑高度208米，由甲级写字楼、国际商务公寓及大型购物中心组成
6	维多利广场	进驻率最高的在售甲级写字楼	入住率：92%
7	保利中宇广场	销售速度最快的写字楼	该项目今年1月底开盘，开盘当天即售11层写字楼接近7000m^2，于今年8月初售罄，从开盘到售罄仅用了半年的时间
8	富力盈信大厦	现下售价最高的写字楼	售价：28000元/(m^2·月)
9	中石化大厦	最有气派的写字楼	建筑面积23万m^2，地上两座51层、180米楼高，外立面采用银灰色LOW-E镀膜中空玻璃幕墙，环保节能，18米挑高大堂比美中信广场
10	中洲交易中心	最具建筑难度的写字楼	建有长达120米、悬空21层高、中间零支点的观光长廊，举世罕有

广州市最值得关注的10大写字楼项目（2009～2010年上半年） 表12-19

合景科汇金谷（规模最大的写字楼）		
项目地址	萝岗区科学城科学大道与科珠路交汇处	
开发商	合景泰富集团	
占地面积（万m^2）	15.00	
建筑面积（万m^2）	30.00	
售价（元/m^2）	12000	
管理费（元/m^2·月）	4.50	
入住率	未交楼	
项目点评	科汇金谷是目前科学城唯一在售的有产权和独栋冠名权的大型纯写字楼项目，该项目定位为华南总部基地，由47栋11层高的独栋花园式写字楼和两栋商务公寓组成，采取整栋出售的销售方式。项目地处科学城开发区，目前科学城内已经有103家世界500强企业率先进驻，其中微软已抢先进驻科汇金谷。区域发展一日千里。该项目是广州目前建筑规模最大的写字楼	
西塔（最高的写字楼）		
项目地址	珠江新城珠江西路5号	
开发商	广州城市建设开发有限公司	
占地面积（万m^2）	3.10	
建筑面积（万m^2）	44.80	
售价（元/m^2）	160	
管理费（元/m^2·月）	30	
入住率	—	
项目点评	西塔项目位于珠江新城中轴线的南端，是珠江新城的核心商务金融办公区域。项目定位为超高档综合性商用物业，包括高档全智能化写字楼18万m^2；白金五星级酒店7万m^2；配套高级酒店式服务公寓5万m^2；商场2.5万m^2；全智能化国际会议中心1.5万m^2。地面上共103层，地下4层，达到432m的设计高度，是华南地区第一高楼，跻身全球十大顶尖超高层建筑之列。西塔成为广州的焦点，成为世界建筑史上一个坐标	

汇美大厦（办公环境最好的甲级写字楼）		
项目地址	珠江新城金穗路3号	
开发商	广州汇美发展有限公司	
占地面积（万m^2）	0.74	
建筑面积（万m^2）	7.80	
售价（元/m^2）	25000	
管理费（元/m^2·月）	15	
入住率	未交楼	
项目地址	珠江新城金穗路3号	
项目点评	项目处于珠江新城中央景观轴西面，靠近南北主干道广州大道，道路网络四通八达，交通便利，是珠江新城最成熟的商务地段。项目单元面积全部在800~1600m^2之间，共有30层，1~3层为配套商业，4~30层为甲级写字楼。项目定位为生态型总部基地，每三层有一个空中花园，户户有私家花园，是城市中心稀缺的生态办公场所，是拥有广州市中心最舒适的办公环境	

华以泰国际（外形最奇特的写字楼）		
项目地址	越秀区东风中路418号	
开发商	广州众胜房地产有限公司	
占地面积（万m^2）	0.38	
建筑面积（万m^2）	4.00	
租金（元/m^2·月）	85~90	
管理费（元/m^2·月））	25	
入住率	未交楼	
项目地址	越秀区东风中路418号	
项目点评	华以泰国际位于广州市传统的政治经济文化中心越秀区东风中路，是广州政商CBD区核心地段，靠近北京路繁华商圈，近邻环市路传统贸易CBD区，尽揽三区商圈和商务办公氛围，是广州办公的重点区域之一。项目首层设有挑高12.3m约460m^2的雄伟写字楼大堂；每层办公面积设计为874~1279m^2。项目致力于“环保节能，绿色生态”的国际办公标准设计，采用中空Low-E钢化玻璃幕墙，雕琢“摇曳竹海”特色建筑外形，是2010年广州写字楼外形最奇特的写字楼	

达镖国际中心（最大的“烂尾楼翻生”项目）		
项目地址	海珠江南大道南362号	
开发商	广州江南房产有限公司	
占地面积（万m^2）	1.06	
建筑面积（万m^2）	11.50	
售价（元/m^2·月）	19000	
管理费（元/m^2·月）	4.80	
入住率	—	
项目点评	达镖国际中心地下3层、地上51层，总户数为100户，总建筑高度208米，由甲级写字楼、国际商务公寓及大型购物中心组成，是一座创新型综合商务复合体，该项目所处的位置是地铁2号线与8号线交汇点昌岗站，双地铁上盖物业，其中2号线出入口与本项目负一层连接、8号线出入口从负三层接入，完善的道路系统与轨道交通为项目构筑四通八达的立体交通网络，地理位置成熟便利	

维多利广场（进驻率最高的在售甲级写字楼）		
项目地址	天河区体育东路101号	
开发商	广州市越秀城市建设开发集团有限公司	
占地面积（万m^2）	1.30	
建筑面积（万m^2）	14.08	
售价（元/m^2）	22000	
管理费（元/m^2·月）	25	
入住率	92%	
项目点评	项目天河体育西路与天河路交汇处，地处广州中央商务区核心圈层，毗邻天河体育中心，广州购书中心等地标建筑，与广州大型商城天河城广场、正佳广场相连，地铁一号线、三号线主线、支线及机场快速干线等。楼高222.6m，由6层商业群楼、4层地下停车场及两座分别为52层、36层的写字楼组成。商场定位为“天河白领银座”，在天河商圈独树一帜，四条地铁线路交汇，地理位置及交通条件极为优越，商业氛围浓厚	

续表

保利中宇广场（销售速度最快的写字楼）		
项目地址	天河北路与龙口东路交界处	
开发商	保利房地产（集团）股份有限公司	
占地面积（万m^2）	1.14	
建筑面积（万m^2）	7.30	
售价（元/m^2·月）	19000	
管理费（元/m^2·月）	13	
入住率	未交楼	
项目点评	保利中宇广场位于广州发展最完善、最具都会感的中央商务区——天河北CBD，是代表广州城市高度的中央商务区。项目由两幢31层高住宅和一幢写字楼组成，住宅第四层为架空层花园，裙楼三层为临街商铺、社区会所和文体活动中心。该项目是天河北路区域近五年来的第一个新推一手楼盘，具有不可复制的稀缺地段价值和产品价值，今年1月底开盘，开盘当天即售11层写字楼接近7000m^2，于今年8月初售罄，从开盘到售罄仅用了半年的时间	

富力盈信大厦（现下售价最高的写字楼）		
项目地址	珠江新城华夏路28号	
开发商	广州富力地产股份有限公司	
占地面积（万m^2）	0.78	
建筑面积（万m^2）	12.10	
售价（元/m^2·月）	28000	
管理费（元/m^2·月）	24	
入住率	未交楼	
项目点评	富力盈信大厦位于珠江新城华夏路，地处CBD中轴线核心区位，毗邻城市交通动脉黄埔大道，北邻体育西成熟商业和生活区，地理位置得天独厚。项目东侧紧邻珠江新城中轴线，视野开阔，俯瞰近20万m^2中央绿化广场，坐拥CBD最为稀缺的景观资源。项目为41层建筑，楼高达167米，其中6~41层写字楼面积达8.1万m^2,首5层商业面积约1万m^2	

续表

中石化大厦（最有气派的写字楼）		
项目地址	天河北体育西路191号	
开发商	广州金贸房地产开发有限公司	
占地面积（万 m^2）	1.40	
建筑面积（万 m^2）	23.00	
售价（元/m^2·月）	25000	
管理费（元/m^2·月）	30	
入住率	65%	
项目点评	中石化大厦位于天河北与体育西交汇处，地处天河北CBD核心地段，商务氛围成熟优越，东面俯瞰天河体育中心，与广州目前的地标建筑物中心广场交相辉映。整个建筑由3层地下室、5层商场及两幢超甲级智能写字楼组成，建筑面积23万 m^2，地上两座51层、180m楼高，外立面采用银灰色LOW-E镀膜中空玻璃幕墙，环保节能，18m挑高大堂比美“中信广场”	

中洲交易中心（最具建筑难度的写字楼）		
项目地址	海珠区新港东路1068号	
开发商	广州中（轻新）洲房地产开发有限公司	
占地面积（万 m^2）	5.17	
建筑面积（万 m^2）	17.40	
售价（元/m^2·月）	21000	
管理费（元/m^2·月）	10	
入住率	80%	
项目点评	项目地处“广州国际会展中心”对面的黄金地段，是专为参展商准备的集写字楼、公寓及配套为一体的“国际公寓式写字楼”。项目由两栋塔楼组成，北塔5~26层为甲级写字楼，南塔5~30层为商务公寓，建有长达120m、悬空21层高、中间零支点的观光长廊，举世罕有。项目曾于2004年被评为“2004年最具投资价值50强”和“2004年中国最佳异地投资房产项目”	

资料来源：广州中原工商铺部。
照片来源：广州中原研究部根据网上资料及调研整理所得。

图12-4　广州市最值得关注8大商铺区位分布图（2009～2010年上半年）

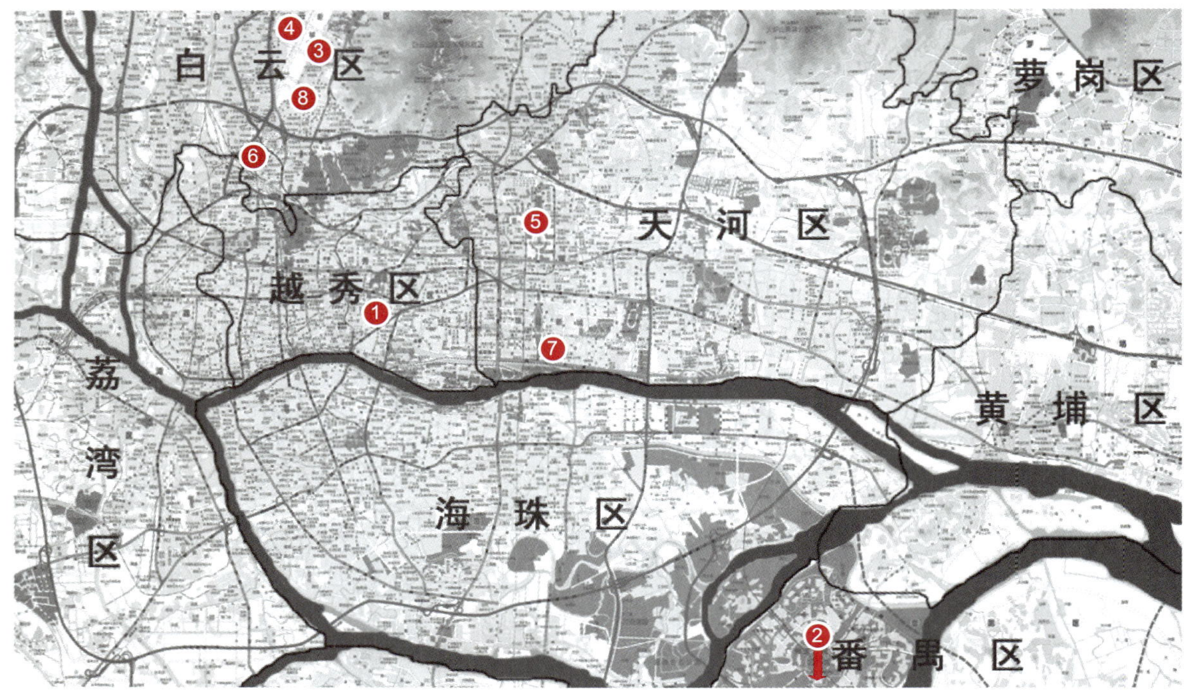

2009～2010年上半年			
	项目名称	关注点	关注信息
❶	宝贝城	首个儿童主题专业市场	今年广州涌现了大量的主题专业市场，有酒类、婚纱类和儿童用品类等等，而宝贝城就是广州首个牵起主题专业市场新概念的始作俑者
❷	哈街	番禺最长的一站式商业步行街	项目全长700多米
❸	白云万达广场	广州最大规模的商业场所	项目用地面积12.64万m^2，建筑面积39.2万m^2。有酒店2栋、甲级写字楼3栋、SOHO写字楼5栋、大型购物中心17.4万m^2
❹	5号停机坪	首个运用航空概念的购物中心	项目创新地采用“航空”为商场主题，并配合富有航空元素的建筑规划和最新的投影技术，让市民通过视觉、听觉、触觉感受新鲜的航空式购物体验
❺	时尚天河	首个景观式购物场所	场内将引入绿树鲜花、小桥流水等各种生态景观和星光大道、广阔星空、海洋等时尚类十足的特色景观，把观光功能与购物、休闲功能有机的融合在一起，在广州市场还是首创
❻	名商天地皮料五金市场	梓元岗商圈首个带产权的专业批发市场	梓元岗专业市场众多是众所周知的，在以往该商圈的专业市场不是临建就是只租不售，今年推出了首个带产权的专业市场公开发售
❼	高德置地四季Mall	最多百货大面积进驻的商场	继6月份吉之岛签约进驻高德置地广场后，7月份广百又签约进驻高德置地广场，签约面积分别为5000m^2和14000m^2
❽	万城·四季广场	白云区最大的中端饰品、服装零售市场	建筑面积约2万m^2，有700多个铺位

广州市最值得关注的8大商业项目（2009～2010年上半年） 表12-20

宝贝城（首个儿童主题专业市场）		
项目地址	越秀区广州市越秀中路60号	
开发商	广州市东门房地产发展有限公司	
占地面积（万m^2）	0.53	
建筑面积（万m^2）	5.86	
营业面积（万m^2）	1.00	
开业时间	2011-02	
年销售额	未开业	
售价（元/m^2）	51000	
租金（元/m^2·月）	首层：500~100；二、至五层100~300	
项目点评	项目为越秀区东风中路“东越雅居”住宅楼盘的裙楼商铺，共五层。是一个集休闲购物、时尚餐饮、早教育培训于一体的少儿主题乐购商城，是广州唯一的少儿主题乐购商城。项目规模不大，主力户型为10~50m^2的小面积单位，其中首层和五层只租不售。今年广州涌现了大量的主题专业市场，有酒类、婚纱类和儿童用品类等等，而宝贝城就是广州首个牵起主题专业市场新概念的始作俑者。	

哈街（番禺最长的一站式商业步行街）		
项目地址	番禺区桥南路	
开发商	—	
占地面积（万m^2）	3.80	
建筑面积（万m^2）	5.00	
营业面积（万m^2）	—	
开业时间	2010-07	
年销售额	—	
售价（元/m^2）	只租不售	
租金（元/m^2·月）	首层130~140；二层200	
项目地址	番禺区桥南路	
项目点评	哈街定位为“一站式无国界餐饮娱乐主题商街”，这条商街长约700m，共三层，由八大主题建筑构成，包括餐饮、品牌零售、品牌服装、美容健身、影视城及SOHO办公室等。哈街已经引进中影火山湖电影城，这将是广州第二大五星级3D电影城，座位总数将达1100多个。哈街将打造成高档次、一站式餐饮娱乐主题商街	

白云万达广场（广州最大规模的商业场所）		
项目地址	白云区云城东路与云城西路之间	
开发商	万达集团	
占地面积（万m^2）	12.64	
建筑面积（万m^2）	39.20	
营业面积（万m^2）	22.40	
开业时间	2010-12	
年销售额	未开业	
售价（元/m^2）	50000	
租金（元/m^2·月）	—	
项目点评	白云万达广场位于白云新城核心区内，该商圈是今年新崛起的商圈之一，区内交通方便，有地铁2号线、9号线经过。白云万达广场总投资额50亿，于今年年初动工，年底开业，再次印证了万达广场当年动工当年开业的神话。项目用地面积12.64万m^2，建筑面积39.2万m^2，有酒店2栋、甲级写字楼3栋、SOHO写字楼5栋、大型购物中心17.4万m^2，是集休闲、娱乐、文化、餐饮、商业零售及服务等功能与一身的多功能城市综合体。项目推出后成交异常火爆，其中万千百货、沃尔玛、万达影院、国美电器等大型百货已经进驻	

续表

五号停机坪（首个运用航空概念的购物中心）		
项目地址	白云区机场路云霄街353栋	
开发商	广州精都实业有限公司	
占地面积（万 m^2）	11.00	
建筑面积（万 m^2）	9.20	
营业面积（万 m^2）	8.50	
开业时间	2010-12	
年销售额	未开业	
售价（元/m^2）	—	
租金（元/m^2·月）	二层100~150	
项目点评	简称“G5”位于白云新城商圈的核心地段，整栋建筑是由原广州白云国际机场候机楼改建而成的，并结合大量的航空元素，是全球首个以“航空”为主题的综合型主题购物商场，并配合富有航空元素的建筑规划和最新的投影技术，让市民通过视觉、听觉、触觉感受新鲜的航空式购物体验。项目定位走高端品牌路线，众多国内外高端品牌如广州酒家“天极品”、国际奢侈品牌综合店CASA MILANO法国奢侈品综合店“LUXOL88”等都已陆续签约进驻	

时尚天河（首个景观式购物场所）		
项目地址	天河区体育中心地下	
开发商	时尚集团	
占地面积（万 m^2）	12.00	
建筑面积（万 m^2）	22.00	
营业面积（万 m^2）	—	
开业时间	2010年底	
年销售额	—	
售价（元/m^2）	只租不售	
租金（元/m^2·月）	800~1000	
项目点评	时尚天河商业广场位于广州天河体育中心地下，地处广州市天河商圈的核心地带、黄金中轴中心、地铁交汇点、轻轨接驳点，交通便利，地理位置优越。该项目共分地下两层及三层错层停车场，拥有档口3000个，定位将突出个性化、潮流化、前沿化、新奇化、差异化的时尚特色，是集购物、餐饮、休闲、娱乐、景观为一体的大型地下商业广场。场内将引入绿树鲜花、小桥流水等各种生态景观和星光大道、广阔星空、海洋等时尚类十足的特色景观，把观光功能与购物、休闲功能有机的融合在一起，在广州市场还是首创	

名商天地皮料五金市场（梓元岗商圈首个带产权的专业批发市场）		
项目地址	越秀区广园西路222号	
开发商	广州市市政集团有限公司	
占地面积（万 m^2）	1.90	
建筑面积（万 m^2）	13.00	
营业面积（万 m^2）	—	
开业时间	2009-05	
年销售额	—	
售价（元/m^2）	60000	
租金（元/m^2·月）	首层250~400；二层160~200；三四层110~166；五六层81~136	
项目点评	名商天地皮料五金市场是梓元岗商圈首个带产权的专业批发市场，项目定位为全球皮具材料一站式采购中心，有超过1000个商铺。由七大专区构成，包括：真皮专区、人造革专区、五金专区、布料专区、辅料专区、皮具机械专区和写字楼等等。项目紧邻17大皮具专业市场、15大鞋类专业市场融汇10万商家采购资源。是目前行业内最大规模的皮料五金市场	

续表

高德置地四季Mall（最多百货大面积进驻的商场）		
项目地址	天河区珠江新城冼村路16号	
开发商	高德置地集团	
占地面积（万m^2）	3.00	
建筑面积（万m^2）	92.00	
营业面积（万m^2）	17	
开业时间	2010-11	
年销售额	未开业	
售价（元/m^2）	只租不售	
租金（元/m^2·月）	—	
项目点评	高德置地四季Mall项目位于广州CBD核心地段—中央广场绿核公园高德置地广场的裙楼部分，项目分以春、夏、秋、冬为主题的四个商业中心，项目定位为国际高端购物中心，引进众多国际顶端商业品牌，填补了珠江新城有高端消费群体但缺乏高端消费场所的空白。继6月份吉之岛签约进驻高德置地广场后，7月份广百又签约进驻高德置地广场，签约面积分别为5000m^2和14000m^2	
万城·四季广场（白云区最大的中端饰品、服装零售市场）		
项目地址	广州市机场路233号	
开发商	广州市万城商业经营管理有限公司	
占地面积（万m^2）	—	
建筑面积（万m^2）	2.00	
营业面积（万m^2）	—	
开业时间	2011-05	
年销售额	未开业	
售价（元/m^2）	80000~100000	
租金（元/m^2·月）	—	
项目点评	万城四季广场位于白云区机场路与三元里大道交汇处，地处繁华路段，交通方便，商场建筑面积约2万m^2，是"百荣园"小区裙楼商铺共两层，户型主要集中在4~60m^2，有700多个铺位，是带租约的产权铺，目标消费群体主要为年轻人，经营中低档次的商品	

资料来源：广州中原工商铺部。

照片来源：广州中原研究部根据网上资料及调研整理所得。

Photo by: Hu wenkit 胡文杰 (www.pdoing.com)

Company
公司

广 州 | GUANGZHOU

广东中原地产代理有限公司

广东中原地产代理有限公司

一、公司简介

广东中原地产代理有限公司（简称广州中原）为香港中原集团成员，在广州历经16年稳步发展，为客户提供优质服务，连续7年获广州市工商行政管理局颁发“守合同重信用企业”称号，更以行业首创的“一二手联动销售”模式，成功代理不少楼盘，取得瞩目的成绩。

广州中原的业务包括一手、二手房地产买卖及租赁代理服务，并针对二手市场向纵深领域不断提供多元品牌服务，包括：豪宅部、工商铺、外籍部等，均配备从业经验丰富的复合型专业营销团队，多次获主流媒体颁发“豪宅专家”、“写字楼专家”、“商铺专家”等奖项。自2009年初开始，更将写字楼部与工商铺合并，打造独立的工商铺品牌，以全新的形象领跑市场。

中原地产资讯网为客户建立了网络服务渠道，提供专业的房地产资讯、庞大的一二手盘源数据，让客户足不出户也能轻松选房；“CPN中原楼盘视频”，则以行业首创视频方式展示房源及楼市资讯。

广州中原倡导“公开资讯、公平交易、不炒楼、不食价”的服务宗旨；首推签订三方约；首创《服务宣言》，揭示行业内幕；更率先公示持证上岗人员，引导行业健康发展。凭专业诚恳、顾客至上的服务态度，广州中原在业内享有盛誉。广州中原同时结合规范稳健创新完善的管理制度，已成为广州最具影响力的一级代理行之一。直营地铺遍布广州市各区重要的地产成交活跃地段，截止2010年7月，广州中原的地铺网点达160余间、员工逾2300人。

二、组织结构

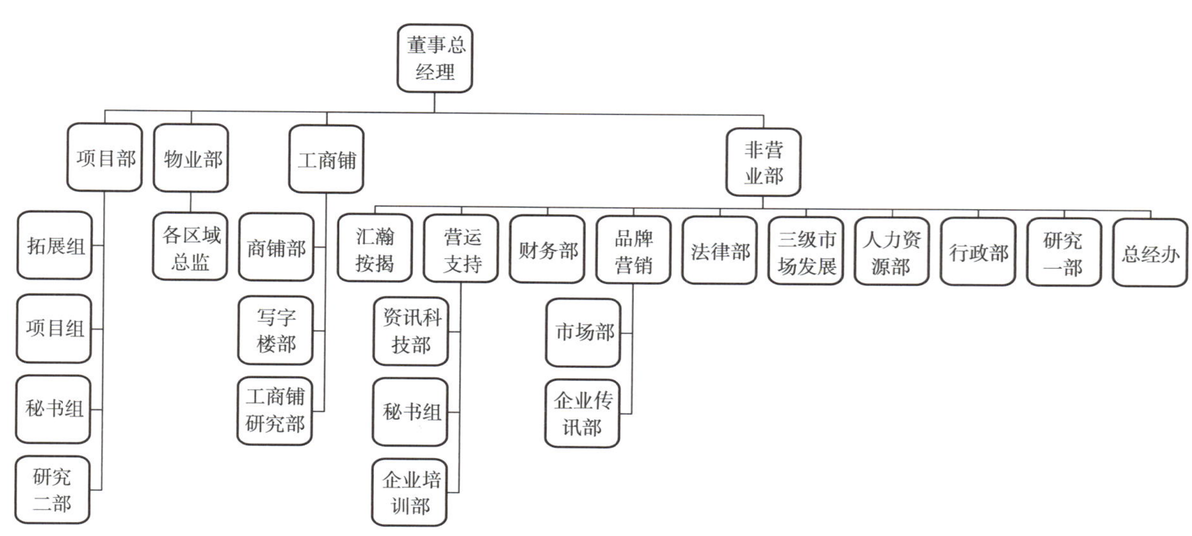

三、主要部门简介

（一）项目部

1. 部门介绍

主要负责一手物业方面的业务工作，其中下设拓展组、项目组、秘书组、研究二部四个组别。团队具备丰富资深的营销策划经验及训练有素的精英队伍，为发展商提供多元化优质专业服务。

2. 业务范围

（1）前期顾问报告服务范围

- 专业市场调查：市场状况及竞争对手分析；
- 项目可行性研究：项目优劣势评估、财务、投资回报及风险分析；
- 地块规划及产品定位建议：市场定位、规划布局、开发次序、开发及宣传主题构思、户型、外立面、园林、配套设施等一系列优化建议，引进境外先进经验；
- 专业问卷调查。

（2）营销策划服务

- 市场定位分析：确立目标市场及项目定位、锁定目标客户群；
- 营销策划建议：确定品牌创建思路、构思宣传主题及包装手法、制订项目总体及阶段性宣传推广计划、销售方案；
- 执行广告企划：组织跟进推广物料的筹备及制作、统筹及监督媒介投放、新闻炒作及相关推广活动的执行；
- 投放效益评估：阶段性总结推广方案措施，为发展商争取最大成本效益。

（3）市外项目代理服务

- 专人、专业、专注广州市周边城市的项目代理业务；
- 市外项目前期可行性分析研究及营销策划顾问服务；
- 专业销售培训及驻场专业销售代理服务；
- 拓宽项目全国性及境外客户的销售渠道。

（4）销售代理服务

- 明确销售目标，制订具针对性销售策略；
- 严格挑选现场管理及销售人员，开售前进行系统培训及组织；
- 利用庞大客户资料库及分行网络进行试销，及测试市场反应；
- 统筹管理展销场地运作，灵活调动人手，配合各类促销活动；

- 专人指导销售人员日常工作，定期提供专业培训及考核；
- 与策划人员保持密切联系，定期反馈准确的销售信息和市场反应；
- 提供完善的售后跟进服务。

（二）物业部

主要负责二手方面的房地产代理业务，二手物业代理除了传统住宅代理外，豪宅别墅、工商铺、外籍等专业的买卖及租赁代理等多个服务项目。庞大专业营销队伍有采用独立地铺专业运作模式。其中超过160多间二手分行网点辐射市内各大中心路段，并且还将看好根据市场的需求，不断增添新的分行，力求为广大市民提供更贴心更专业的服务。

（三）中原（工商铺）

中原（工商铺）主要是负责商业及写字楼方面的业务。主要架构包括：商铺部、写字楼部、工商铺研究部。中原商铺部成立于2003年5月，在短时间内在广州已形成独立的品牌优势，并拥有广泛的客户群体和良好的口碑；自2009年初开始，更将写字楼部与工商铺合并，打造独立的工商铺品牌，以全新的形象领跑市场。

中原（工商铺）专门致力于街铺投资和商场、写字楼策划代理。并为商户提供最新的市场信息、价格走势，并对物业进行评估、放盘、租售等专业服务，使商户投资者得到放心、安全、增值、并有更高的回报。我部并为客户提供优质、高效、专业、简便的一站式房地产按揭贷款服务。

在未来的时间，中原（工商铺）将与广大商业地产开发商和商业投资机构并驾齐驱，务求以专业、细心、周到、诚恳的宗旨做到最好，用最快、最有针对性地为商业地产开发商和商业投资机构提供更贴身、更有效的服务。

（四）非营业部

为销售前线提供有力的后勤保障，其中包括：汇瀚按揭中心、财务部、研究一部、营运支持中心（包含：资讯科技部、秘书组、企业培训部）和品牌营销板块（包括：市场部、企业传讯部）、法律部、三级市场发展部、人力资源部等，为顾客提供一条龙的专业服务。

四、公司业绩

广州是中原内地业务的主力城市之一，广州中原营业额、业绩居中原集团20多个内地城市的前列。2009年广州中原实现了佣金收入近4亿元人民币，尤其是三级住宅市场业务，占有率位于行业领先位置。即使是在市场低迷的2010年，2010年1～6月份，广州中原佣金收入已经达到1.5亿元人民币，并继续了中原地产进驻广州16年以来，持续盈利的势头。

广州中原的二手住宅代理业务，无论地铺数量、还是交易量，无论总营业额、还是人均业绩，均一直位于同行前列，尤其是在中高端市场业务份额明显领先。广州中原在巩固二手市场优势的同时，一手市场的代理业务迅猛发展。最近一年，广州中原代理的一手项目不断增多，并且屡创佳绩。

2009年下半年以来，广州中原成功代理销售了香港新世界地产、时代地产、合景泰富等知名开发商，在广州及周边区域的“城央御景”、“东越雅居”、“宏新华庭”、“花都凯旋门”、“江南苑”、“金湖花园”、“时代倾城”、“时代糖果”、“穗和城”、“天湖峰境”等数十个一手项目，业务覆盖高、中、低端，别墅、洋房及公寓等各个层次、类别的产品。

代表案例见下表。

项目名称	业　绩	项目图片
佛山时代依云小镇	2010年3月27～28日，中原地产于一二手联动销售佛山“时代依云小镇”，仅两天就成交别墅约60套，成交金额逾1亿元，再创一二手联动佳绩	
广州天湖峰境	2010年3月至今，广州中原独家销售代理合景泰富旗下的大型山水社区——花都区“天湖峰境”项目，包括洋房及别墅，截止2010年7月，完成了2亿的销售业绩	
广州时代糖果社区II	2010年五一期间，中原地产销售“时代糖果社区II”，销售套数约296套，成交金额近2.4亿元，成为新政后低迷销售期的热销楼盘之一	
广州新世界.金湖翡翠谷	2010年7月，广州中原代理白云区纯生态别墅生活社区——“新世界·金湖翡翠谷”，销售均价40000元/m^2，单位总价在800~1800万之间，数日销售19套、1.5亿元	

五、专业形象

2009年9月18～20日，在广州琶洲会展中心举行了为期三日的房博会，是次活动是广州史上最大型的房地产交易博览会，活动这几天现场火爆，每日都吸引过千名市民前来咨询。中原物业部精英在展区内为市民提供贴心咨询服务。中原除了现场展示了丰富的盘源，还通过中原资讯网站这个平台，为市民提供更便捷的服务。还派发了新版《服务宣言》，提醒市民二手交易应注意的相关事项。

2009年10月23日，广州中原在建国酒店举办一场以“新形势房产投资全攻略”为主题的投资讲座，现场特邀中原地产物业部副总经理潘婉霞小姐和花都区域营业总监杜燕玲小姐作为主讲嘉宾，并对投资者关心的问题进行现场解答，提供更多投资理财信息和市民入市参考意见，吸引了众多人士报名参加。广州中原定期为专业投资人士举办投资讲座已经持续了数年。

2009年12月，广州中原制作一批“交易安全温馨提示”卡，由各区分行派发给客户，以提醒客户避免二手交易陷阱。中原地产多年来专注于引导行业专业化、规范化，曾多次推出提醒客户避免各类交易陷阱的刊物、单张、小册子，如“踢爆无良中介”、“服务宣言”、“公证委托风险告客户书”等。

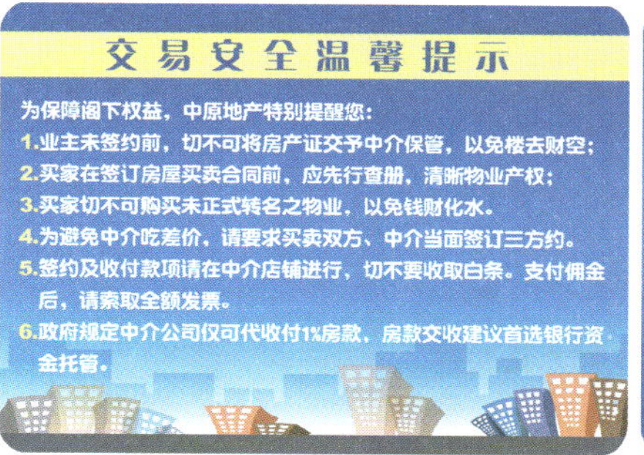

六、企业文化

为了配合公司在新一年的战略发展，提高广州中原在行业内的薪酬竞争力，让员工共同分享公司发展的成果，2010年1月份，广州中原调整并提高项目部的薪酬水平及佣金计提标准。2010年3月起，广州中原再大幅提高物业部营业人员的薪酬及佣金计提比例，其中底薪提升的幅度为去年的20%～36%，1～3级营业人员薪酬增幅最大。

广州中原精英会抱着“精英求精、培育群英”的宗旨，定期都会举办不同的培训课程及交流活动，提升会员的工作能力和交际、合作能力。让每一位精英在度假放松身心的同时，可以收获更多，提升公司企业文化内涵及员工对公司的归属感。

2009年9月，广州中原精英会一行兴致勃勃地踏上了美妙的“激扬夏日、休闲天堂，精英会巴厘游”的行程，拉开了精英会年度旅游的精彩序幕。巴厘岛（BaLi）是印度尼西亚著名的旅游区，景色宜人，是万人向往的旅游胜地。繁华的商业景象、丰富的水上活动、美丽的库塔海滩，令各位精英们异常兴奋、乐而忘返！

2010年8月，广州中原2010届精英会最新一期活动——歌诗达豪华邮轮日韩游盛大启航。是次为期七天六日的精彩之旅，共有近2百名精英会成员参加。这次旅程开创了数个精英会活动的先河，首先是有史以来出行精英人数最多的一次；其次是出行时间最长的一次；同时也是首次以邮轮航行作为旅行的形式；而且也是出行国家最多的一次，包括日本与韩国。这次的旅程充分体现公司对精英们在2009年所作的工作成绩的肯定与鼓励。

一直以来，广州中原定期都会组织公司核心人员，四处交流学习，互相借鉴成功经验。广州中原与上海、北京、香港等多个一线城市的业务联系都非常紧密。2010年6月，广州中原前线高层人员赴上海交流学习。是次为期4日的行程，进一步加强了穗沪中原对两地楼市的认识，促进双方日后交流与合作。为实现逆市扩张，成为市场的领航者打下坚实的基础。

2010年2月4日晚，名为“广州中原虎威生　众志成城万象新”广州中原第15届年会，在东方宾馆“金色大厅”举行。会议依始在震撼心弦的“水晶鼓”抽出的跳跃音符中来开帷幕。晚会上大家一同回顾了广州中原十五年的光辉历程以及对2010年展望，并对2009年表现突出的员工作出嘉奖。

七、社会责任

2010年7月6日傍晚，广州中原精英会在麓湖绿岛西餐厅举行了一次意义非凡的慈善拍卖活动。各位精英抱着“为善最乐”的态度，将整场活动推向一波波高潮！拍品共拍得善款51068元，募捐善款9764元。是次精英会慈善拍卖活动，充分表现出中原人对慈善事业的热衷、体现出中原团队对社会的高度责任感。该次活动所筹得的善款，会用于支援灾区人民重建家园。

广州中原进入广州以来，一直积极协助政府部门，开展公益活动。建立高校毕业生见习基地，为毕业生提供一个就业和见习渠道，让毕业生通过在工作岗位的锻炼，提高社会实践能力，可以更好融入和服务企业、社会。2010年5月，广州中原获广州市人事局授予“广州市高校毕业生就业见习示范基地”的称号，是全市第一批广州市高校毕业生见习示范基地单位。

八、行业地位

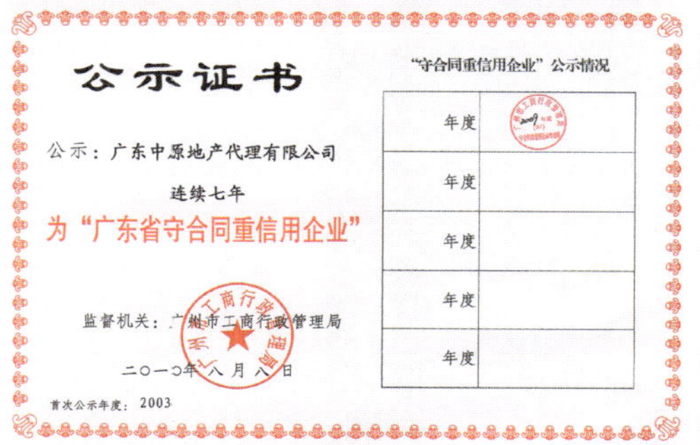
公示证书

公示：广东中原地产代理有限公司

连续七年

为“广东省守合同重信用企业”

监督机关：广州市工商行政管理局

二〇一〇年八月八日

首次公示年度：2003

“守合同重信用企业”公示情况

年度	
年度	
年度	
年度	
年度	

2010年8月，广州中原再度获工商行政管理局颁发“广东省守合同重信用企业”称号，这已经是广州中原连续7年获得该项殊荣。广州中原16年稳步发展，为客户提供优质服务。专业务实的作风及“不炒楼、不食价、公开资讯、公平交易”的经营宗旨，广受认同。

2009年12月28日，2009年度羊城晚报第八届“双十佳”阳光中介颁奖，在清远银盏温泉度假村完满结束。广州中原再获《羊城晚报》颁发“双十佳”称号（2009年羊城十佳阳光服务中介公司、2009年羊城十佳阳光经营中介公司）；潘婉霞、朱伟洲、周浩波、罗思源等多个同事获得个人奖项。

2010年5月，由《广州日报》举办的“2009年度（中国·广州）地产中介行业推介榜”，于21日晚在珠江新城津滨腾越大厦内举办颁奖仪式。当晚颁奖典礼上，广州中原横扫11项大奖，成为全场大赢家。除了蝉联2009年度“(中国·广州)十大最受欢迎地产中介公司”和“(中国·广州)十大诚信经营地产中介公司”外，今年我司还增添了“2009年度（中国·广州）最具社会责任地产中介公司”这项殊荣。汇瀚按揭亦获选“2009年度（中国·广州）最值得信赖的按揭机构”。

九、未来发展

预计未来楼市仍将是大涨小降和波浪式前进态势。广州中原董事总经理黄轩明表示：广州楼市发展成熟，竞争激烈，广州中原要发扬亮剑精神，将适时扩张，以便快人一步，稳占先机。广州中原物业部更会全力以赴，趁波动市况拉开与行家距离，进一步奠定市场领导地位。

广州中原计划，从2010年第四季度至2011年，将增加100间地铺，令2011年底地铺数量达到260～270间。当然，公司亦会按中央调控政策的轻重作出灵活调整。但总体而言，广州各区域都将积极、严格去落实相关目标。

广州中原董事总经理黄轩明：“广州中原的扩张，不仅仅是为填补市场空白区域，在各区主打盘形成压倒性优势；抢占市场份额，拉开与行家的差距；同时也提供了更多晋升发展机会，有效稳定人才，招募人才，真正达到人尽其才。”

做大门户，汇聚人才，就是广州中原未来的发展之道！

十、中原牛人

杨穗娟　高级营业经理

入行时间：1998年

现负责区片：广州市天河区珠江新城片区

部分获得奖项：

2009年第二季　最高实收高级营业经理亚军

2009年第三季　最高实收高级营业经理亚军

2009年第四季　最高实收高级营业经理亚军

2010年第一季　最高实收高级营业经理冠军

2010年第二季　最高实收高级营业经理亚军

2009年度　最高实收高级营业经理亚军

个人从业感悟：

我在没有加入这行之前是从事房地产拆迁安置工作的，由于我对二手买卖租赁方面的兴趣非常大，而且听朋友讲这行非常具有挑战性，听完觉得很适合自己的个性，所以选择了这份工作，并且一干就是12年。这完全是源于自己对这份工作的热爱和执著。在这段工作的经历中，我得到了很多的收获，从一个普通的房地产经纪人到房地产二手行业的管理人员，在这十几年的工作生涯中我和其他经纪人一样会遇到工作当中的成败和挫折，出于对这份工作的热爱，我很乐意地将每次挫折和遇到的困难看成是上天在给机会我，考验我锻炼我不断提升我，令我可以从无数次的经历中吸取教训不断总结不断进步，它快速提升了自己的专业知识和业务能力。在中原这个大家庭里面，我很快乐地成长着，因为公司非常重视和关心员工的成长过程，在中原我除了得到家人和同事们认同的同时也获得了公司给予的晋升机会和学习机会，多次的外出交流学习不但拓宽了自己思维还开阔了自己的眼界，在以后的日子里面我将会不断学习不断提升业务水平，通过的个人修炼迎接新的挑战，房地产行业是一个前景无限光明的行业，只要你用心去做，没有做不好的事！未来我将一如既往用积极的心态以身作则带领同事，用实际的行动创造出色的业绩回报公司。

陈秋炳　区域营业经理

入行时间：2002年

现负责区片：广州市海珠区新港西路片区、广州大道南片区、滨江东片区

部分获得奖项：

2009年度　最高实收高级营业经理冠军

2010年　第一季最高实收高级营业经理亚军

2010年　第二季最高实收高级营业经理冠军

个人从业感悟：

2002年毕业后的第一份工作选择了这份工作，至今已经8年了，由此可见我是一个非常专一的房地产经纪人，但我和其他经纪人一样会遇到工作当中的成败和挫折，出于对这份工作的热衷，所以我很乐意地接受并快乐地拼搏着，对我来说所有的成败和挫折只能成为我人生道路上催促我成长的宝贵经历，从中也快速提升了我的专业知识、业务技巧、经营理念、人际关系、沟通技巧、管理经验……特别是在中原这个大家庭里面，更能将实现自己理想和成长发挥得淋漓尽致，因为公司品牌好、平台大、空间大、人才多，所以开展业务更加容易，交流和学习的机会更多。房地产行业是一个前景无限光明的行业，不决定人生的长度，但可以决定人生的宽度，创造辉煌的路上有你有我！

陈容华　高级营业经理

入行时间：2001年

现负责区片：广州市天河区天河北片区

部分获得奖项：

2004年　中原精英会英会成员，曾多次获区域业绩优秀奖

2004年　获广州中原地产最佳新人奖

2006年　11月参加广州市首届中介文化杯竞赛获得诚信使者银章

2006年　中原精英会狮会成员

2007年　中原精英会狮会成员

个人从业感悟：

本人2001年于广州大学毕业后，从事地产代理业至今8年多。多年的销售及管理心得，使我认识到，想在地产界有所作为取得成功，只要有敬业、乐业、助业的行业精神及有恒心、用心、爱心、雄心即可。所谓敬业乐业不难理解，而助业的态度是时刻有维护行业健康发展的使命感，传播规范的行业道德和行业制度，使行业以阳光的形象展示社会，让客户安心、省心、开心，从而得以长远发展。

梁燕平　营业经理

入行时间：1998年

现负责区片：广州市天河区珠江新城片区

部分获得奖项：

2010年度　物业部第一季度最高营业额营业经理季军

2010年度　物业部第一季度最佳营业分行

2010年度　物业部第二季度最佳营业分行

2010年度　中原精英会银师

个人从业感悟：

1998年9月加入地产行业，当时的地产市场如火如荼，上班第一个月就开了11张租赁单，成为当月公司的租王。在第一间公司工作3年都是顺景的，因为当时公司内部问题面临倒闭，便转到另一间公司。因这间公司飞速发展，凭着我的经验及技巧在3年间就升至高级营业经理，管理5支团队，可谓一路平步青云。后因个人原因离开地产行业。在从业其他行业时一直感觉不好，好像还差什么似的。2008年我在总监的引导下加入了中原。加入中原后学到了以前学不到的东西，学到了怎样管理团队，比以前提升了很多。在中原，我感受到怎样才是专业，怎样才是最好的服务。

曾卓荣　资深营业经理

入行时间：2005年

现负责区片：广州市天河区珠江新城片区

部分获得奖项：

2007～2009年　精英会鹰会成员

2010年　精英会狮会成员

个人从业感悟：

很多人认为地产行业是一种短暂性的工作，因为它的稳定性不高而淘汰率却非常高。但在我看来，中原地产给予了我安定的感觉。在中原这个大家庭里，我找到了人生的理想，找到属于自己的骄傲。5年的地产时间，我由一个普通的业务人员成长为今天的资深营业经理，道路是非常的艰难，当中遇到了百年一遇的2008年全球金融危机。很多同事和客户问我，那时候有没有想过要转行？我的答案只有一个，我从来没有想过我会转行，自我踏入中原的一刻，我就已经认定为我的终身职业。现在的我已经不是业务人员，公司给自己的定位为管理人员，我的职能是要为公司培养人才、复制人才，如今市场最贵的不是钻石，而是人才。我知道我在中原的路还有很长，提升自己的管理意识等于为公司创造更加多的财富。

熊剑峰　营业经理

入职中原时间：2006年

现负责区片：广州市天河区珠江新城片区

部分获得奖项：

2010年度　物业部上半年实收佣金第一名

2010年度　连续两个季度获得公司最高营业额经理亚军

个人从业感悟：

我加入中原已经4年了，在这4年里我从一个高级物业顾问晋升为双组营业经理。在经历了充满惊喜的2009年，我们在2010年开了个好头，上半年我旗下组别实收佣金排名广州中原第一名，连续两个季度获得公司最高营业额经理亚军。我们能够取得这个成绩，跟我旗下有很多资深的同事是密不可分的，这帮同事在珠江新城这个地区拥有丰富的经验和客户资源，是公司宝贵的财富，这个也是我们能够有今天这个成绩的主要原因。也许有很多同事不喜欢招聘和使用一些资深的行家，但我却恰恰相反，因为我知道这些行家只要使用得当，是会发挥非常大的威力的，但在使用过程中要注意几点：1. 选人要注重人品道德，多了解他们的过去；2. 刚进入中原时要注意将公司制度和公司文化多灌输；3. 工作过程中要多些包容，少些责备，因为他们初到一个陌生的环境必然很不熟悉，要想办法创造一个和谐宽松的工作环境，尽快让他们融入团队。这样大家一定会增加资深行家的生存率和发挥他们的最大能量。

正所谓“海纳百川，有容乃大”，希望大家都能用好行家。

姚国斌　营业副经理

入职中原时间：2007年

现负责区片：广州市天河区天河北片区

部分获得奖项：

2009年　第二季最高营业额营业员季军奖

个人从业感悟：

加入中原，三年时间晋升管理层，在这三年多地产界打拼期间，经历了楼市过山车式的起伏跌宕，使我更加深刻体会到了这个行业的挑战性。激烈的行业竞争使我的心态越来越强。我可以做到，是因为我每天都全力以赴，保持激情带动客人和业主。无论房价涨和跌、市场好与坏、国家出什么政策、银行如何收紧银根……这些都是拿来和业主客人交流的一部分话题，最重要的是业主需要我帮他找到合式的客人卖到高价钱；客人需要我帮他买到温馨或有升值的物业并谈到理想价钱。这就是我对行业的认识，对市场的理解。